DE LA PREUVE LITTÉRALE
EN DROIT ROMAIN

—

DE LA DATE CERTAINE
DANS LES ACTES SOUS SEING PRIVÉ
EN DROIT FRANÇAIS

FACULTÉ DE DROIT DE PARIS

DE LA

PREUVE LITTÉRALE

EN DROIT ROMAIN

DE LA

DATE CERTAINE DANS LES ACTES SOUS SEING PRIVÉ

EN DROIT FRANÇAIS

THÈSE POUR LE DOCTORAT

PRÉSENTÉE ET SOUTENUE

Le Jeudi 23 Avril 1885, à 1 heure 1/2

PAR

GEORGES FLOGNY

AVOCAT A LA COUR D'APPEL

ANCIEN SECRÉTAIRE DE LA CONFÉRENCE DES AVOCATS

Président : M. LYON-CAEN, Professeur.

Suffragants { MM. BEUDANT, id.
GLASSON, id.
LAINÉ, Agrégé.

PARIS

LIBRAIRIE NOUVELLE DE DROIT ET DE JURISPRUDENCE

ARTHUR ROUSSEAU, ÉDITEUR

14, RUE SOUFFLOT, ET RUE TOULLIER, 13

1885

MEIS

DROIT ROMAIN

DE LA PREUVE LITTÉRALE

CONSIDÉRATIONS

SUR LES

DÉVELOPPEMENTS HISTORIQUES DE LA PREUVE LITTÉRALE

La théorie des preuves est le complément nécessaire de la théorie de l'acquisition des droits.

L'homme n'est, en effet, véritablement le maître de ses droits que le jour où il est assuré de pouvoir en s'appuyant sur la loi les défendre victorieusement contre les prétentions de ceux qui sont intéressés à les nier, ou qui essaient de les usurper.

Qui ne peut prouver n'a rien « disait le jurisconsulte-Romain. « *Is qui probare non potest, nihil habet.* »

De là dans toutes les législations, aussi bien dans les législations imparfaites des peuples primitifs que dans les législations savantes des sociétés civilisées, l'importance de la théorie des preuves.

Mais si toutes s'accordent sur la nécessité des preuves, l'accord disparaît dès qu'il s'agit d'en ordonner le mécanisme et d'en régler le fonctionnement. Le moyen de faire la preuve en justice varie et se diversifie à l'infini suivant les temps, les lieux, les mœurs, les préjugés même ; et ces différences ne sont que l'expression de la différence essentielle, primordiale, que crée entre plusieurs peuples l'inégal développement de leurs civilisations respectives.

Il n'entre pas dans le plan et dans le cadre de cette étude de faire une analyse rapide et synthétique des divers moyens de preuve. Nous devons nous borner à esquisser rapidement les traits distinctifs de la preuve littérale, et à rappeler l'histoire de son développement parmi les principales législations de l'antiquité.

Sans insister sur l'avantage de l'écriture, forme durable de la pensée, qui suppose, chez la partie qui contracte, une réflexion et une préparation, sur la parole essentiellement mobile, fugitive, impuissante à distinguer par elle-même un simple projet d'une résolution arrêtée, une éventualité seulement prévue d'un fait réellement accompli, la preuve littérale révèle sa supériorité au double point de vue de la sincérité et de la durée.

Au point de vue de la durée d'abord. On peut appliquer à la preuve littérale ces paroles de D'Aguesseau sur les avantages généraux de l'écriture. « La parole « ne communique ses biens qu'aux présents, l'écriture

« y fait participer les absents mêmes, et elle y joint l'a-
« vantage de donner une espèce de durée et d'utilité
« éternelle aux pensées, aux sentiments, aux actions des
« hommes [1]. »

L'écriture perpétue, en effet, la preuve des faits et des droits. Dès que l'écrit est rédigé, dès que les clauses de la convention sont fixées sur le papier, les droits, dont elle est la source, cessent d'être exposés aux incertitudes de la mémoire des hommes, aux dangers de la mauvaise foi et du mensonge des tiers. La justice n'est pas condamnée à marcher au hasard. Dès les premiers pas elle rencontre une base solide et préparée à l'avance pour asseoir sa décision.

Un autre avantage de la preuve littérale, c'est la sincérité, la fidélité. L'écriture « dit Montesquieu[2], est un témoin qui est difficilement corrompu » et Domat a écrit avec raison » que les preuves par écrit ayant leur fermeté par un témoignage que ceux qui font les actes rendent contre eux-mêmes, est un témoignage qui est immuable ; il ne peut y avoir de meilleure preuve de ce qui s'est passé entre eux, que ce qu'ils ont eux-mêmes exprimé. »

Ces nombreux avantages de la preuve littérale ont conduit Bentham à reconnaître à la preuve littérale

[1] D'Aguesseau, *huitième méditation.*

[2] *Esprit des lois* XXVIII, chap. XLIV.

une vertu exceptionnelle, aussi rare que le mot lui-même « une vertu anti-litigieuse. »

S'il est juste de reconnaître que la preuve littérale est souvent plus efficace et plus énergique que la preuve testimoniale, qu'elle peut étouffer jusqu'au germe des contestations judiciaires, alors que la preuve testimoniale restreint ses effets et limite son autorité à un point spécial de la contestation, sans tarir la source des procès futurs, il ne faut pas exagérer « la vertu antilitigieuse » de la preuve littérale, car elle a ses lacunes et ses intermittences. La preuve littérale n'est pas universelle : il y a toute une catégorie de faits qui se prêtent rarement à ce genre de preuve, tels sont les délits, les crimes. Les coupables ne laissent guère, en effet, de traces écrites, de témoignages accusateurs contre eux-mêmes. Les écrits enfin ne sont pas à l'abri des altérations ou des faux, et leur autorité peut être parfois justement suspectée. La preuve littérale n'est donc pas un instrument parfait de certitude. Il faut la considérer comme un guide commode pour arriver à la vérité, mais non pas comme un guide infaillible ; et c'est par ces imperfections inévitables qu'elle se rapproche des autres moyens de preuve dont ses incontestables mérites tendent à la séparer.

La preuve littérale offre d'immenses avantages pour la manifestation de la vérité : néanmoins elle n'a pas toujours été en vigueur, et l'histoire nous la montre s'introduisant lentement et avec peine dans la législations des peuples primitifs. Il est facile d'expliquer ces retards et ces lenteurs. L'écriture employée comme moyen de preuve est l'indice d'une civilisation déjà développée : et la vulgarisation de la preuve littérale chez un peuple, la volonté et l'habitude d'y recourir, supposent en lui une certaine maturité, et dans sa législation qui l'admet, un certain degré de perfectionnement.

Ce sont les Hébreux qui les premiers paraissent avoir fait usage de la preuve littérale ; cependant les découvertes de la science permettent d'affirmer que l'usage d'écrire les conventions est dû, non aux Juifs, mais aux Babyloniens.

La législation mosaïque ne s'occupe que de la preuve testimoniale, et elle semble ignorer la preuve littérale ; cependant Moïse, dans certaines hypothèses exceptionnelles, l'impose aux parties comme une nécessité rigoureuse à laquelle elles ne peuvent pas se soustraire.

C'est ainsi qu'il la prescrit formellement au peuple Juif pour l'acte du divorce [1]. Quant un mari veut répudier sa femme, il se présente avec elle devant les docteurs de la loi, les seuls auxquels il soit permis d'écrire les caractères hébraïques, et si ceux-ci ne

[1] Deutéronome, ch. IV.

peuvent pas réconcilier les époux, ils dressent un écrit de divorce qu'ils mettent entre les mains de la femme.

Les seconds écrits mentionnés par la Bible concernent les généalogies. Les généalogies chez le peuple hébraïque étaient conservées avec un soin d'autant plus scrupuleux qu'elles étaient sans cesse consultées pour savoir quels étaient ceux qui étaient aptes à exercer le sacerdoce : elles étaient également utiles en matière de transmission d'héritages et de mariage. Aussi toutes lois relatives au sacerdoce, au mariage, à la dévolution des hérédités exigeaient-elles que les filiations fussent rigoureusement établies.

Les textes sacrés mentionnent un troisième acte écrit au sujet du mariage de Tobie[1] ; c'est le pacte ante-nuptial.

Quelles étaient les dispositions précises de ce pacte ? On l'ignore. Mais Maïmonides rapporte une formule souvent usitée dans les conventions matrimoniales aux termes de laquelle le mari promettait de donner à sa femme vingt-cinq deniers d'argent « *pro virginitate;* » c'est le morgengabe de la législation hébraïque ; de pourvoir à son entretien « *sicuti Judæi observare solent* » et enfin pour assurer l'exécution des obligations qu'il pouvait contracter envers sa femme, le mari engageait tous ses biens, jusqu'au manteau qu'il portait

[1] Tobie cap. VII, v. 15, 16.

sur ses épaules, comme dit le texte dans son langage expressif et pittoresque « *idem de pallio humeris imposito.* » Les art. 2121 et 2135 du Code Civil ont leur prélude dans cette idée du droit hébraïque.

Les obligations secontractent aussi au moyen d'écrits qui étaient, comme cela se pratique encore actuellement, remis par le créancier au débiteur au moment de la libération de ce dernier.

Mais ce sont là des cas exceptionnels que prévoient et qu'énumèrent les textes sacrés, sans qu'il soit possible d'en faire sortir une théorie complète et précise de la preuve littérale. Il est facile d'expliquer cette lacune ; malgré ses incontestables avantages, les Hébreux ne firent qu'un usage très-rare de la preuve littérale. Chez ce peuple pasteur, l'écriture était peu cultivée et peu répandue ; enfin le droit positif apportait à la faculté de contracter des entraves nombreuses. Le prêt à intérêt était interdit aux Israélites entre eux ; tous les cinquante ans à l'arrivée du Jubilé, les biens vendus pendant cette période faisaient retour à leurs anciens propriétaires ; l'échéance de l'année sabbatique qui revenait tous les 7 ans, opérait la remise de toutes les dettes ; enfin des prohibitions inflexibles anéantissaient entre les mains des Israélites la faculté de disposer par testament de leurs biens qui devaient rester la propriété perpétuelle et exclusive de la Tribu à laquelle le propriétaire avait appartenu de son vivant.

En Égypte les preuves littérales étaient employées bien plus fréquemment que dans la nation hébraïque.

Diodore de Sicile[1] mentionne une loi de Bochoris qui prescrivait au prêteur d'une somme d'argent d'exiger une reconnaissance par écrit : si la somme prêtée n'était pas constatée par des *syngraphæ*, le débiteur, qui niait avoir reçu ces valeurs, se déchargeait par un simple serment.

« *Leges de commerciis a Bochoride latas asserunt : His mandatur ut si quis pecuniis mutuo acceptis absque syngrapho se debere neget, interposito juramento a debito absolvatur.* ».

Afin de protéger les écrits contre les altérations criminelles qui pouvaient les rendre moins dignes de créance, les lois d'Égypte ordonnaient de couper les deux mains aux scribes qui auraient falsifié des titres publics et privés.

Mais, de tous les peuples de l'antiquité, ce sont les Grecs qui ont fait de la preuve littérale l'emploi le plus fréquent ; toutefois l'habitude de constater par écrit les actes conventionnels et judiciaires ne s'introduisit que fort tard chez certains peuples qui habitaient le territoire de la Grèce.

L'usage de la preuve littérale paraît, en effet, avoir

[1] *Diod. liv.* I § 79.

été peu répandu dans les états organisés en « écoles militaires » tels que l'île de Crète et surtout Lacédémone. Les institutions lacédémoniennes étaient peu favorables aux progrès du commerce ; et la législation, par les entraves qu'elle apportait à la liberté des transactions, par le soin jaloux qu'elle mettait à fermer au commerce les voies larges et aisées que la nature avait ouvertes, se rapprochait par toutes ses rigueurs de la législation hébraïque ; et dès lors on comprend aisément qu'à son imitation elle se soit montrée peu favorable à l'admission de la preuve littérale.

Plutarque, dans sa vie de Lycurgue, donne sans détours le motif de la défaveur, sinon de l'exclusion, dont la législation avait frappé la preuve littérale.

« Lycurgue ne voulut pas qu'on écrivît aucune de « ses lois[1] ; il le défendit même par une de ses ordon- « nances. Il croyait que rien n'a plus de pouvoir et de « force pour rendre un peuple heureux et sage, que les « principes qui sont gravés dans les mœurs et dans les « esprits des citoyens. Quant aux contrats moins im- « portants, et qui ne regardant que les objets d'in- « térêt, changent souvent suivant le besoin, il « crut plus utile de ne pas les assujettir à des forma- « lités écrites et à des coutumes invariables, mais « de laisser aux gens instruits le soin d'y ajouter

[1] *Plutarque, vie de Lycurgue* n° 18.

« ou d'y retrancher ce que les circonstances leur fe-
« raient juger nécessaire[1]. »

A Athènes, autres mœurs, autres lois. La législation athénienne, sans cependant dépouiller entièrement l'esprit de défiance qui chez tous les peuples de la Grèce inspire la loi, ne pouvait partager le dédain ou l'hostilité de Lacédémone pour le commerce ; et comme la prospérité publique à Athènes s'alimentait aux sources de l'industrie, la loi, interprète fidèle des besoins de la société, devait non seulement répudier les traditions hostiles des peuples voisins, mais encore consacrer tous les moyens juridiques propres à assurer la liberté des conventions dans la limite où elle était tolérée, et à protéger l'exercice des droits individuels, issus de ces conventions.

Aussi la législation athénienne adopta-t-elle de bonne heure la preuve littérale.

On distinguait dans la législation athénienne les actes publics, les actes privés, enfin les registres des banquiers.

Parmi les actes publics figuraient les actes d'Etat civil placés sous la surveillance des Thesmothètes et les régistres du Trésor, sur lesquels on inscrivait les noms des condamnés à l'amende.

Les actes privés se subdivisaient en deux grandes

[1] Plutarque.

classes : Les *chirographæ* de (χειρ et γραφω) ou actes écrits et scellés par une seule partie.

Les *syngraphæ* de (συν et γραφω) ou actes écrits et scellés par les deux parties contractantes.

Certains auteurs ont soutenu que la preuve littérale était en telle faveur à Athènes qu'il était interdit de déférer aux tribunaux des conventions ou des obligations non écrites. L'interdiction a, en effet, réellement existé ;mais les interprètes[1] discutent sur le point de savoir si cette interdiction s'étendait à toutes les conventions, ou bien si elle ne devait pas être limitée au cas spécial où il s'agissait d'un bâtiment affrété pour le transport de marchandises[2]. C'est à cette dernière opinion que nous nous rallions. Elle trouve un appui considérable dans le sentiment de défaveur nettement accusé que les Athéniens attachaient aux actes faits sans témoins. C'est ainsi que de nombreux passages des orateurs grecs nous montrent des témoins appelés pour certifier les obligations contractées entre les citoyens. S'agissait-il de faire un testament, il ne suffisait pas qu'un magistrat fût présent pour le recevoir : la présence des témoins était également exigée pour attester, non pas le contenu du testament dont on ne leur donnait pas lecture, mais le fait matériel de la présentation.

[1] Pastoret 2, VII, p. 249).

[2] Démosthène contre Zénothémis, § 1.

Les Athéniens n'ont jamais connu de fonctionnaires semblables à nos notaires actuels institués pour conférer l'authenticité aux actes. Pour donner plus de valeur à leurs actes, que ce soit un testament ou un titre de créance, ils les déposaient entre les mains d'un tiers, le plus ordinairement d'un banquier.

Les registres des Banquiers avaient, au point de vue de la preuve des conventions, une certaine valeur: ils ne faisaient pas preuve complète en justice, mais ils constituaient un commencement de preuve. Aussi ces registres étaient-ils tour à tour invoqués par les banquiers à leur profit, et par leurs adversaires. Nous savons cependant par Diogène Laërce, qu'Epicure ayant fait dans son testament une donation, cette donation avait été inscrite sur les registres du Temple consacré à la mère des dieux, et il n'est pas douteux qu'il n'ait existé des archives pour la conservation des lois, et des jugements dans les différents tribunaux. Le mode de dépôt chez les banquiers ne devait donc pas être le seul.

A Rome l'usage de la preuve littérale ne se développe que tardivement. La loi des Douze Tables qui en plusieurs endroits parle des témoins ne fait aucune mention de la preuve littérale, et son silence s'explique aisément. La preuve littérale suppose que les lettres sont répandues dans la masse des citoyens ; et nous savons par Tite-Live qu'il fallut des siècles aux Romains pour se familiariser avec elles. L'écriture était si peu usitée dans les affaires privées et même dans les affaires publiques, qu'au récit de Tite-Live, 80 ans après la rédaction décemvirale, c'était au moyen de clous fichés vers le sanctuaire de Minerve dans le temple de Jupiter Capitolin que, vu la rareté des lettres, se comptait le nombre des années.

« *Eum clavum, quia raræ per ea tempora litteræ erant, notam numeri annorum fuisse ferunt*[1]. »

Le peu de cas que les Romains faisaient de la preuve littérale nous explique une particularité et un caractère très-singulier de leur législation : le symbolisme étroit et parfois exagéré. Si on cherchait à frapper les sens par un jeu de pantomimes, c'était pour mieux graver dans la mémoire des spectateurs les faits symbolisés ; et la précaution était sage, puisque les actes de la vie civile, non consignés par écrits, étaient confiés à la mémoire des hommes.

Ce n'est que sous les empereurs, et surtout à l'époque des grands jurisconsultes, que la preuve littérale prend place dans la procédure judiciaire : mais elle n'occupe qu'un rang secondaire. La preuve testimoniale est, et sera longtemps encore la preuve par excellence. Cette supériorité de la preuve testimoniale sur la preuve littérale est une conséquence de l'orga-

[1] Tite-Live L. VII, cap. III.

nisation et du fonctionnement de la procédure Romaine. En effet, dans le droit Romain, la conviction du juge, comme celle de nos jurés (art. 342 du code d'Instruction Criminelle), se forme librement ; le juge peut prendre et choisir les moyens qu'il croit utiles : aucun ne peut s'imposer à lui et enchaîner sa conviction. Il est toujours libre d'accueillir de nouvelles preuves ou de se déclarer suffisamment éclairé. Il est facile de comprendre que cette latitude laissée au juge avait pour résultat de favoriser l'emploi de la preuve testimoniale[1].

Dans la législation Romaine, très-longtemps on ne dressa un écrit que pour faciliter la preuve des conventions ; et la rédaction de l'écrit n'avait aucun effet ni sur l'existence, ni sur la validité des conventions qui y étaient relatées. Les écrits n'étaient donc rédigés qu'*ad probationem*. Gaius indique avec beaucoup de netteté le rôle précis de ses écrits. (L. 4, *Dig. De fide instrumentorum*).

Fiunt enim..... scripturæ ut quod actum est per eas facilius probari possit : et sine his autem valet quod actum est, si habeat probationem.

Cependant la rédaction d'un écrit devenait nécessaire lorsque les parties indiquaient leur volonté expresse de faire de tel écrit la condition de la validité du contrat ; lorsqu'elles convenaient, par

[1] L. 3, 2, Digeste *De testibus*.

exemple, que l'obligation ne serait valablement formée, que la convention ne serait parfaite qu'autant qu'un écrit aurait été rédigé entre les parties[1].

Enfin la loi Romaine elle-même, dans certaines hypothèses déterminées, n'admettait que la preuve écrite. C'est ainsi que l'ingénuité ne pouvait être prouvée que par écrit. (Loi 2, Code. *De Testibus* IV, 20).

Il n'était pas nécessaire, pour contracter valablement mariage, de rédiger un acte. — Justinien innova, en imposant aux grands dignitaires, l'obligation de rédiger un acte dotal, et en prescrivant aux citoyens d'un rang moins élevé de se conformer à la même disposition ou de se présenter devant le *defensor Ecclesiæ* qui recevait la déclaration du mariage. Les laboureurs, les simples soldats et les pauvres furent seuls dispensés de ces formalités. — Mais lorsqu'il s'agissait de rompre les liens d'un mariage antérieurement contracté, il était nécessaire de rédiger un acte de répudiation.

« *Consensu licita matrimonia posse contracta non nisi misso repudio dissolvi præcipimus*[2]. »

Il y avait cependant un cas où le mariage devait être accompagné nécessairement d'un acte écrit ; c'est ce-

[1] *Inst. pr. De empt. et vendeti.* III, XXII, L. 17, Code *De fide instrumentorum.*

[2] Le divorce peut résulter ou du consentement mutuel des époux, et on dit alors qu'il y a une *bona gratia*, ou la volonté d'un

lui où il relevait les enfants de la tache originelle du concubinat. (L. 10 Code. *De naturalibus liberis*).

Constantin exigea la rédaction d'un écrit pour toutes les donations (Fr. Vat. § 249 : L. 27, C. de Don. VIII 54). Cette exigence subsista dans sa généralité jusqu'à Justinien, bien que la nécessité de l'insinuation eût été restreinte en l'année 428 aux donations excédant 200 solides. En 531 Justinien dispensa de l'insinuation les donations ne dépassant pas 500 solides : la sanction du défaut d'insinuation au-delà de cette somme était non pas la nullité, mais seulement la réduction des donations excédant ce taux (L. 36, § 3, C. De donat.). La nécessité de l'écrit subsistait pour les donations qui devaient être insinuées.

On peut en dire autant pour tous les actes qui se passent devant le magistrat et qui doivent être con-

seul, et il a lieu alors par voie de répudiation. Le divorce *bona gratia* fut toujours affranchi des formalités légales ; et il en fut de même du divorce par répudiation jusqu'à la loi *Julia « de adulteriis »* qui exigea à peine de nullité du divorce, que la volonté de répudier fût exprimée en présence de sept témoins Romains et *puberes* (L. 9, de divort. L. I, § 1, *unde vir* XXXVIII, 11). Cette nouvelle exigence de la loi romaine s'explique par la nécessité de fixer avec précision la date du divorce, cette date devant servir de point de départ au délai pendant lequel la femme était incapable d'affranchir ou dispensée de se remarier. Le Christianisme maintint cette exigence en donnant cet autre motif pour la justifier, c'est que les mariages devaient être plus difficiles à dissoudre qu'à contracter (L. 8, C. *de Repud.* V, 17).

servés *apud acta*. En prenant comme exemple les actes extrajudiciaires nous citerons :

L'adoption par déclaration devant le magistrat[1].

L'adrogation[2].

L'émancipation Anastasienne *a rescripto principali* insinuée « *apud competentem judicem, ad cujus juris dictionem actus emancipationis pertinet.* [3] »

La légitimation par mariage subséquent qui suppose la rédaction d'un « *instrument dotale*[4]. »

L'affranchissement « *in sacrosanctis ecclesiis* » ou, « *propter facti memoriam vice actorum interponetur qualiscumque scriptura* [5].»

Ainsi l'écriture finit par tout envahir, et la preuve littérale prit une importance de jour en jour plus grande dans les habitudes sociales des Romains.

La preuve littérale devait faire plus que de conquérir dans la législation Romaine une place à côté de la preuve testimoniale, elle devait bientôt lui contester sa prééminence consacrée par une longue tradition, et dans la lutte engagée contre sa rivale ce fut elle qui remporta la victoire définitive.

La preuve littérale avait suivi à Rome la marche as-

[1] § 8 Inst. 9. Mod. Jus. pot solv. 1-2.
[2] L. 2. C. De adopt.
[3] L. 5. C. De emancip. VIII. 49.
[4] L. 10, 11 C. de nat. lib. V 27.
[5] L. 1. C. De his qui in eccles. 1-13.

cendante de la civilisation: grandie avec elle, elle déclina, quand les invasions des barbares couvrant de leurs flots pressés le sol de l'Italie eurent renversé les institutions Romaines. Sur leurs débris épars une obscurité profonde s'étendit pendant de longs siècles ; et le moyen âge, obligé de recommencer l'apprentissage d'une civilisation nouvelle, crut découvrir, dans l'emploi de moyens imparfaits, grossiers, souvent cruels, le *criterium* dont il avait besoin pour faire apparaître la vérité et démasquer le mensonge. Dans ses nombreux tâtonnements et ses infructueux essais, il rétrograda même sur l'ancienne législation de Rome et d'Athènes, et il faut attendre l'éclatant réveil des esprits à l'époque de la Renaissance et le développement des études juridiques en France, pour voir la législation s'engager dans la voie des réformes et des progrès. La preuve littérale recueillit les heureux résultats de ce mouvement et des tendances que nous avons signalées, et en 1566 l'ordonnance de Moulins consacrant cette libre maxime (Lettres passent témoins », la rétablit dans la supériorité qu'elle avait perdue pendant le moyen âge, et lui assura pour toujours cette influence qu'elle mérite d'exercer à tant de titres sur les relations juridiques des hommes. Nous voyons, en effet, les prescriptions de l'ordonnance de Moulins renouvelées dans l'ordonnance de 1667 rendue par Louis XIV ; et en lisant aujourd'hui l'art. 1341 du Code Civil, on retrouve dans son texte les restriction apportées par ces deux ordonnances à l'usage de la preuve testimoniale.

PREUVE LITTÉRALE

Le mot *instrumentum* peut être pris dans deux acceptions différentes. Il peut désigner tous les moyens de preuves « *rationes* » qu'un plaideur emploie pour établir « *instruere* » le droit qu'il réclame. « *Instrumentorum nomine ea omnia accepienda sunt quibus causa instrui potest.* » (Paul, L. 20, 9, *de fide instrumentorum*).

Dans ce sens large et général, *instrumentum* comprend les déclarations de témoins, les écrits, les marques, les aveux, etc.

Il est susceptible d'un second sens plus étroit et plus spécial ; il désigne alors les écrits destinés à assurer la preuve juridique des faits.

On distinguait, dans la législation romaine, différentes sortes d'écrits : mais les interprètes n'ont pas toujours été d'accord sur leur classification. Les anciens auteurs, Voët et Pothier, distinguaient deux grandes catégories d'actes : les actes privés et les actes publics.

Nous adopterons une autre classification et nous diviserons les écrits qui peuvent être produits en justice en trois grandes catégories.

1° Les écrits privés.

2° Ecrits *forenses*.

3° Les écrits publics.

Nous croyons qu'il est nécessaire de distinguer les écrits *forenses* reçus par des tabellions des écrits publics que Pothier et Voët réunissent dans une même catégorie.

Cette distinction, entre les actes reçus par les tabellions et les actes publics, ressort d'un texte formel où Justinien s'exprime en ces termes :

« *Sed tantummodo ex forensibus, vel publicis instrumentis, vel hujusmodi chirographis quæ enumeravimus.* » (19, *C. de fide instrumentorum*, IV, 21).

Cette distinction d'ailleurs est rationnelle, et elle se justifie par les différences essentielles qui existent entre le mode de rédaction de ces deux sortes d'actes, et l'autorité dont ils sont revêtus. L'assistance des témoins n'était point nécessaire pour la rédaction des actes publics.

« *In donationibus quæ actis insinuantur non esse necessarium judicamus vicinos vel alios testes exhibere, nam superfluum est privatum testimonium cum publica monumenta sufficiant.* » (L. 31, C. *De Donationibus* IV, 54).

Leur présence, ou contraire, était nécessaire pour la validité des actes reçus par Tabellions. (Nov. LXXIII, cap. V).

La seconde différence provient de ce fait que les *monumenta publica* faisaient pleine foi par eux-mêmes, tandis que les *acta forensia* ne pouvaient valoir, si l'écriture ou la signature étaient contestées, qu'après la reconnaissance du tabellion, des témoins ou la vérification des écritures.

La classification à laquelle nous nous sommes arrêtés est donc pleinement justifiée. Nous traiterons en particulier, de ces trois genres d'écrit qui feront l'objet d'autant de chapitres séparés.

CHAPITRE PREMIER

ACTES PRIVÉS

Nous diviserons ce chapitre en 5 sections :

Nous nous occuperons successivement et dans des sections séparées :

1° Du *Codex accepti* et *expensi*.

2° Des *chirographa* et des *syngraphæ*.

3° De l'*apocha* et de l'*antapocha*.

4° Des règles ordinaires à ces deux dernières classes d'actes.

Enfin, dans une cinquième et dernière section, nous rechercherons quelle est la force probante de ces écrits privés.

SECTION PREMIÈRE

Du Codex

Dès l'époque de la République, chaque citoyen à Rome avait coutume de tenir des livres ou registres domestiques, sur lesquels il mentionnait les opérations relatives à sa fortune. L'usage en était tellement répandu, l'habitude si profondément entrée dans les mœurs des Romains, que Cicéron nous présente comme quelque chose d'inouï et de tout nouveau, la prétention élevée contre son client, de n'avoir pas tenu son registre, ou même de l'avoir irrégulièrement tenu. « *In isto, judices.... hoc novum reperietis. Audimus aliquem tabulas numquam confecisse Audimus alium non ab initio fecisse, sed ex tempore aliquo confecisse. Hoc vero novum et ridiculum est*[1]. »

[1] In verressi actio (2 L. Ier 23).

Les Romains tenaient deux sortes de registres : les *adversaria* et les *Tabulæ*, ou *Codex accepti et expensi*.

Les *adversaria* étaient destinés à recevoir les notes relatives aux opérations journalières. Chaque chef de famille y inscrivait au fur et à mesure qu'ils se produisaient et au moment de leur passation, tous les actes qui donnaient lieu à un mouvement de numéraire. Ces inscriptions diverses qui, jour par jour, étaient expédiées « *negligenter* », sur un brouillon « *adversaria* » devaient ensuite, chaque mois, être reportées méthodiquement « *diligenter* et *in ordinem confectæ* » sur un registre, *codex*, *ratio tabula*.

Tel fut le *codex accepti aut expensi*, tenu en partie double avec un côté pour les recettes, « *acceptum referre*, » et un côté pour les dépenses, « *expensum ferre*. »

Examinons de plus près les inscriptions portées sur le Codex ; elles ne sont guère que de deux sortes. Les *nomina arcaria* ou créances de la caisse, qui résultaient d'un prêt d'argent, et les *nomina transcriptitua*, sorte de prêts fictifs. Il y avait de grandes différences entre ces deux espèces d'inscriptions. L'*arcarium nomen* était seulement un instrument de preuve, (Gaïus, C. III, §. 128), le *nomen transcriptitium* était non-seulement un instrument de preuve, mais encore la cause de l'obligation. De là découlait cette conséquence, que les *arcaria nomina*, à la différence des *transcriptitia nomina*, n'étaient pas exclusivement réservés aux engagements des citoyens romains, qu'ils pouvaient s'appliquer aux engagements des étrangers, puisque, si nous nous plaçons dans l'hypothèse d'un prêt, l'obligation était produite, non par l'écriture, mais par la numération des espèces.

Ces différences connues, demandons-nous comme on pouvait reconnaître sur le Codex, le *nomen arcarium* du *nomen transcriptitium*.

Il faut partir de cette idée, que le *nomen arcarium* résulte d'une opération de caisse, tandis que le *nomen transcriptitium* consiste dans une opération d'écritures. (*transcriptio*). Le *nomen arcarium*, naissant d'un prêt réel (*ex arca*) supposait, par conséquent, un déboursé effectif et une perte pour la caisse et ne pouvait figurer sur le livre de caisse qu'à la colonne des déboursés, à l'*expensum*.

Le *nomen transcriptitium*, au contraire, n'étant qu'un prêt fictif, n'ayant rien coûté à la caisse, il était nécessaire, pour établir l'équilibre sur le Codex, d'inscrire d'abord le montant de ce *nomen* à l'*acceptum*, puis à l'*expensum*.

Grâce à ce mode d'inscription, les deux espèces de *nomina* se distinguaient à première vue.

Cette description du Codex étant achevée, comparons au point de l'autorité qu'ils pouvaient avoir, les *adversaria* et le Codex.

A ce point de vue, une immense différence séparait les *adversaria* du Codex. Les *adversaria* étaient sans autorité juridique ; cela s'explique aisément, quand on sait que ces *adversaria*, tenus tantôt sur des livrets, tantôt sur des feuilles volantes, ne devaient guère avoir qu'une existence mensuelle, et étaient destinés à être presque immédiatement déchirés, « *statim deleri.* »

Le Codex, au contraire, avait une autorité considérable : et le principe de cette autorité résidait dans certaines garanties matérielles qu'il offrait aux juges et aux parties. Cicéron les résume dans une phrase dont tous les mots portent : « *Tabula æternæ, sanctæ, perpetuæ existimationis fidem et religionem amplectuntur.* » Les *Tabulæ* sont destinées à une conservation indéfinie, « *æternæ* », religieusement gardées, « *sanctæ,* » pour perpétuer la mémoire de ce qu'elles sanctionnent (*perpetuæ existimationis fidem et religionem amplectuntur* [1]).

Et Cicéron résume et termine son parallèle entre les *adversaria* et le Codex, par cette phrase qui établit l'intérêt pratique de la différence. « *Itaque adversa-*

[1] Pro Rascio Arates 3, § 2).

ria protulit nemo ; sed codicem protulit, tabulas recitavit.

Ce mode de preuve étant très-usité à Rome, il est très-curieux de rechercher quelle est la raison de cette confiance si grande qu'elle peut nous paraître excessive. En effet, on laissait aux citoyens la faculté de se créer des titres et des preuves à eux-mêmes. Il y avait là une source d'abus et de dangers ; et cependant les Romains paraissent n'en avoir jamais été effrayés.

Les interprètes ne sont pas tous d'accord pour donner la raison de cette autorité longtemps persistante qui s'était attachée au Codex.

Les uns justifient cette confiance extraordinaire en se fondant sur l'austérité et la foi primitives qui imprimaient à ces tables domestiques, un caractère de sanction presque religieuse et publique[1]. « Peut-être les partisans de cette opinion accordent-ils une créance excessive « à la simplicité tant vantée des premiers temps[2]. »

Aussi bien les registres des Romains dont nous avons parlé, n'étaient-ils pas contemporains de ces temps primitifs de l'histoire romaine : et leur usage était répandu, leur force légale reconnue et pro-

[1] Ortolan. T. II, p. 216.

[2] Derôme. Revue de Législation p. 38.

clamée, à une époque qui était déjà loin d'éveiller les souvenirs de l'âge d'or. C'était bien l'âge de fer que ce siècle, où le législateur frappé des dangers que l'infidélité des livres pouvait entraîner, posait ce principe de défiance et de sagesse. « *Exemplo perniciosum est ut ei scripturæ credatur qua unusquisque adnotatione propria debitorem sibi constituit.* »

A notre avis, les raisons de cette confiance sont multiples. Nous croirions volontiers que les Romains ont fait pour les écritures privées un nouvel emprunt à la théorie des écritures publiques ; et que de même que dans le principe on avait emprunté la forme de ces écritures pour la tenue des papiers domestiques, de même on avait emprunté aux écritures publiques leur force probante.

C'est là une conjecture que rend vraisemblable l'examen comparatif des actes publics et des actes privés, mais il y a, il nous semble, une considération pratique qui rend très-bien compte de l'autorité accordée au Codex.

Le créancier inscrivait sur ses livres ce qu'il avait reçu : et toujours ou presque toujours, le débiteur portait à son passif sur ses livres le montant de sa dette. C'était là le fait habituel, et sans résoudre la question controversée de savoir si, pour la perfection du contrat *litteris*, il était nécessaire et essentiel que le débiteur, de son côté, mentionnât sur ses registres la somme due, il est permis d'affirmer que cette mention se retrouvait habituellement sur ses livres, et le témoignage de Cicéron donne à cette hypothèse, vraisemblable entre toutes, le caractère de la certitude. « *Nam quemadmodum turpe est scribere quod non debeatur ; sic improbrum est, non referre quod debeas*[1]. » Il arrivait alors que les registres des parties se servaient mutuellement de contrôle. Y avait-il une contestation entre les deux parties ; l'apport des registres était ordonné, la confrontation et la concordance des écritures assurait le succès de la preuve littérale[2].

Mais ici se pose une question intéressante à étudier. Il pouvait arriver que la concordance entre les écritures des deux parties n'existât pas ; le défaut de concordance enlevait-il toute autorité à la preuve littérale? En un mot, la concordance des registres était-elle une condition essentielle de la preuve qu'on prétendait en tirer.

Plusieurs auteurs ont soutenu l'affirmative en s'appuyant sur un texte de Cicéron dans son plaidoyer *pro Roscio*, d'où ils veulent induire que la concordance

[1] Cicero. Orat pro Roscio.
[2] Dig. De edendo liv. II Titre XIII.

de ces livres était la condition « *sine qua non* » de la preuve littérale.

Cette opinion ne nous paraît pas pouvoir être admise ; et la négative a pour elle des raisons dont on ne peut nier la force. Il y a contre l'opinion contraire une objection pratique qui nous paraît décisive.

Imposer la nécessité de la concordance des registres, c'est écarter la preuve littérale en la rendant dans la plupart des cas absolument impossible. Il suffit qu'un adversaire se rencontre illettré ou de mauvaise foi pour empêcher la partie dont les registres sont tenus avec ordre et fidélité d'en invoquer l'autorité et l'appui. C'est mettre la partie soucieuse de ses intérêts, et pleine de diligence dans l'administration de sa fortune, à la merci d'un adversaire négligent, dont la négligence même n'est la plupart du temps que de la mauvaise foi dissimulée.

Il faut donc conclure sur ce point en disant que si la concordance entre les deux registres était l'affirmation éclatante, souveraine du droit du créancier, le défaut de concordance ne suffisait pas pour faire écarter *de plano* les registres de l'une des parties litigante. Le juge devait alors étendre son examen au-delà des registres eux-mêmes ; il devait examiner les circonstances accessoires : écarter les écritures qui lui semblaient suspectes, relever avec soin et apprécier les surcharges et les ratures, et dans le cas où des témoins auraient été appelés au moment du contrat, pour en attester la formation, entendre et recueillir leur témoignage. Il y avait alors concours de la preuve littérale et de la preuve testimoniale[1].

L'autorité du Codex était si grande, la preuve qui pouvait en résulter si décisive, que les Romains, soucieux d'écarter toute suspicion qui eût été de nature à en amoindrir la force probante, faisaient souvent constater leurs opérations sur les registres de tiers honorablement connus et entourés de l'estime et de la considération de tous. Cicéron nous révèle ce trait curieux des mœurs Romaines dans un passage de son plaidoyer « *pro Roscio* » et dans plusieurs de ses lettres à Atticus « *Cum inter Memmum et Domitium facta est pactio..... in codices accepti et expensi multorum amicorum relata est* » (*Epist. ultim ad aiticum lib.* IV.)

Le jour vint cependant ou après avoir pendant si longtemps joui d'une faveur exceptionnelle, les *codices* tombèrent en désuétude ; et ce sont des raisons d'ordre politique qui amenèrent cette décadence. Dans une époque ensanglantée par des proscriptions et des meurtres politiques, où les citoyens

[1] Senec. De Beneficiis II § 23 et lib. III § 15.

puissants ou simplement riches étaient journellement exposés aux accusations des délateurs, ces registres fournissaient des armes contre ceux qui les avaient rédigés ; et ce fut une mesure de prudence nécessaire que d'abandonner une coutume si profondément entrée dans les mœurs domestiques. Plus tard, sous des règnes plus humains, sous le gouvernement des Antonins, l'antique usage reparut ; les *codices* reprirent momentanément faveur, mais au temps de Pline, ils retombèrent définitivement en discrédit.

Les causes de ce discrédit n'étaient pas seulement politiques, elles étaient aussi, et surtout d'ordre privé. Une tendance s'était manifestée à l'époque de Pline, et rapidement développée parmi les Romains, d'abandonner aux mains des intendants ou des esclaves la tenue des registres privés, comme ils leur abandonnaient la gestion de leur fortune. Les mentions qu'ils contenaient cessaient dès lors d'avoir cette autorité qu'elles puisaient moins dans leur inscription sur le registre, que dans le caractère et la considération sociale de celui qui les avait inscrites. Et aussi est-il facile d'expliquer, que Justinien ait effacé jusqu'aux dernières traces des *nomina*, comme il le dit lui-même dans un texte des Institutes « *olim scriptura fiebat obligatio, quæ nominibus fieri dicebantur ; quæ nomina hodie non sunt in usu.* »

Il ne faut donner cependant à cette phrase un sens trop absolu. Sans doute les tables domestiques avaient perdu l'autorité primitive dont elles étaient autrefois revêtues, mais il n'en faut pas conclure qu'elles aient cessé d'être employées par les Romains, soit pour l'administration de la fortune, soit pour la solution des procès privés.

Le bon sens et la logique protestent contre cette conclusion. Les Romains dans la gestion de leur patrimoine avaient journellement besoin du secours de ces écrits, pour relater les diverses opérations accomplies, et pour placer sous leurs yeux le tableau de l'état de leur fortune.

Devant la justice même il est difficile de considérer les « *Tabulæ* » comme dénuées de toute force probante : sans doute les *Tabulæ* ne suffisaient plus à elles seules à constituer une preuve complète, absolue, invincible en faveur du créancier qui les présentait ; mais c'est aller beaucoup trop loin que de les considérer comme inutiles et sans effet ; et Cujas l'a péremptoirement établi dans ses observations sur les lois 5, 6, 7 au Code « *De probationibus* » qui fournissent à son opinion des arguments concluants.

Il établit sur ces textes une distinction intéressante à noter, car nous la retrouverons dans le Code Civil (art. 1331). Pour les personnes de toutes les professions, le système du droit romain était le suivant. En ce qui concerne le débiteur, les *rationes accepti* du créancier faisaient pleine foi de sa libération et constituaient la preuve irréfragable de l'extinction de la dette ; quant aux *rationes expensi*, elles n'établissaient pas la preuve invincible de la créance, car les Romains avaient posé ce principe de sagesse que nous citions plus haut. « *Exemplo perniciosum est ut et scripturæ credatur qua unusquisque sibi adnotatione propria debitorem constituit*[1]. »

A Rome même on avait admis que les registres de chaque contestant étaient susceptibles d'entraîner sa condamnation ; le défendeur pouvant les invoquer contre son adversaire, et le demandeur jouissant du même droit contre lui, à la condition que ses prétentions fussent déjà justifiées en dehors des *rationes* de la partie adverse[1]. La loi Romaine avait fait un pas de plus dans cette voie, et elle avait décidé que les preuves fournies par le Codex se pouvaient tirer non-seulement des registres des parties litigantes, mais encore de ceux des autres particuliers[2].

Voilà le rôle qu'occupait, dans les relations juridiques et sociales des Romains, le Codex *accepti* et *ex-*

[1] Loi 22 C. IV, 21.
[2] Loi 8 C. II, 1.
[3] Loi 22 C. IV, 21.

pensi; son importance a pu à une certaine époque diminuer avec sa nécessité, mais il est une classe de personnes qui conserva toujours l'habitude de tenir régulièrement un Codex : ce sont les banquiers « *argentarii* » et les changeurs « *nummularii.* »

ARGENTARIORUM CODICES

Les changeurs (*nummularii*) et les banquiers (*argentarii*) avaient toujours tenu à Rome des registres destinés à contenir la mention, soit des opérations auxquelles ils se livraient pour leur compte personnel, soit des opérations qu'ils accomplissaient au nom et pour le compte de leurs clients. Plaute et Térence parlent à maintes reprises de ces registres, et il est certain que l'habitude de les tenir remonte presque aux origines de la société romaine. Les antiquités de Denys d'Halycamasse (lib. III) établissent que Tarquin l'Ancien fit établir autour du Forum des boutiques d'argentiers, et la profession qu'ils exerçaient implique l'existence de registres et d'écritures relatant les opérations multiples auxquelles ils se livraient. *Scævola* fait mention de leur *ratio accepti et expensi*, (L. 47 § 10 *de pactio*) Paul de leurs *nomina* (L. 9 Dig. *de Pactis* L. 34. D. *de Receptis qui arbiti recept.*)

Voici quels étaient les actes, et les mentions principales que devaient contenir ces *Tabulæ*.

D'abord les contrats formés par l'expensilation.

2° Les actes qui n'avaient aucun rapport avec le contrat *litteris*, mais qui concernaient tous leurs rapports pécuniaires avec les clients.

Dans toutes les inscriptions on devait mentionner le nom du consul et la date pour chaque énonciation[1].

3° Les ventes auxquelles ils procédaient par adjudication publique en vertu d'une qualité analogue à celle de nos commissaires priseurs actuels. Les registres sur lesquels elles étaient inscrites portent le nom de « *Tabulæ auctionariæ.* »

Il est permis de croire que la force probante des *argentoriorum codices* a dû survivre longtemps aux « *rationes domesticæ.* » On trouve encore quelques traces de ces *codices* dans le Digeste de Justinien où des dispositions nombreuses leur sont consacrées, notamment au titre « *De edendo.* »

Loi 2, § 6 D. II, 13.

RATIONES PUPILLARES

Les tuteurs étaient astreints à des obligations fort rigoureuses, qui les obligeaient d'apporter à l'administration des biens de leur pupille, autant de soin qu'à la gestion de leurs propres affaires. Les comptes de tutelle « *rationes pupillares* » (L. 95 § 2,) D. *ad leg. Falcidiam* devaient ressembler beaucoup dans la forme « aux *rationes expensi* et *accepti.* » Avant son entrée en fonctions, le tuteur devait faire procéder solennellement en présence de personnes publiques « *sub præsentia publicarum personarum, solemniter,* » à un inventaire des biens du mineur ; lorsque ses fonctions expiraient il rendait ses comptes, qui devaient, ainsi que les inventaires, et généralement tous les *instrumenta hereditaria*, être communiqués à tous les intéressés (L. 95 § 2 D. ad. L. *Falcid.*)

SECTION DEUXIÈME

Syngrapha; Chirographum.

La tenue d'un *codex accepti et expensi* était un usage particulier aux citoyens Romains ; d'autres écrits étaient employés chez les pérégrins, et ces écrits qu'il nous faut étudier maintenant finirent par s'implanter dans les mœurs romaines, ce sont les *syngraphæ* et le *chirographa*.

Le nom même de ces écrits trahit très-clairement leur origine grecque. Ce n'est guère qu'au temps de la deuxième guerre punique, que les *syngraphæ* font leur apparitoin à Rome et Plaute est le plus ancien des auteurs qui mentionne les *syngraphæ*.

« *Agedum istum, ostende, quem concribsti syngraphum.*
« *Inter me et amicam et lenam legis per lege.* »

Quant aux *chirographa* ce mot ne se rencontre pas chez les auteurs plus anciens qu'Ascanius contemporain de Tite-Live et de Virgile, mais si les *syngraphæ* sont plus anciens que les *chirographa*, ils disparaissent aussi les premiers, car le *corpus juris civilis* qui mentionne souvent les *chirographa* ne parle jamais des *syngraphæ*.

Ces actes sont l'œuvre du débiteur, et quant à la différence qui distingue les *syngraphæ* et les *chirographa,* » d'après Asconius elle consiste en ce que les *syngraphæ* étaient écrits et scellés par chacune des parties contractantes pour être ensuite remis en exemplaires différents à chacune d'elles ; tandis que le *chirographum* rédigé en un seul exemplaire n'était signé que du débiteur. *Chirographà ab una parte servari solent. Syngraphæ signatæ utriusque manu, utique parte servandæ traduntur.* [1] »

On ne sait pas d'une façon précise quels devaient être la forme et le contenu de ces actes. Gaius ne semble indiquer qu'une chose (Gaius III, § 134) comme nécessaire, la déclaration écrite de celui qui veut s'obliger, qu'il doit tant ou qu'il donnera tant. « *Si quis debere se, aut daturum se scribit.*

Le passage de la comédie de Plaute est plus explicite sur la teneur des *syngraphæ;* les actes devaient relater le nom des parties contractantes, l'objet du contrat, ses clauses et conditions, etc.

Il reste à étudier une question fort délicate et fort contestée de nos jours. Les *syngraphæ* et les *chirographà* n'étaient-ils que de simples instruments de preuves, de simples titres probatoires, ou bien pouvaient-ils constituer par eux-mêmes une forme particulière d'obligation ?

Ceux qui voient dans le *chirographum*, seulement un moyen de preuve d'une obligation préexistante, et non une forme créatrice d'obligations, raisonnent ainsi :

Le *chirographum* est une institution qui est venue du dehors et qui a été introduite à Rome par le com-

[1] *Asconius ad Ciceronem in Verrem.* Act. 2, lib. 1, § 36.

merce international ; il est donc naturel de croire que cette institution n'a pris place dans la législation romaine qu'en conservant son caractère originaire : en un mot, qu'elle a été à Rome ce qu'elle était chez les pérégrins.

Or, chez les pérégrins les *syngraphæ* et les *chirographa* étaient-ils de simples instruments de preuve, ou bien pouvaient-ils engendrer des obligations.

Voilà la première question qu'il faut résoudre. Ceux qui prétendent que les *syngraphæ* et les *chirographa* formaient chez les pérégrins un véritable contrat analogue au contrat *litteris* s'appuient sur le texte même de Gaius, (III, 134) qui, rapprochant les *nomina transcriptitia* des *chirographa* et des *syngraphæ*, dit formellement qu'ils donnent naissance à des obligations « *litterarum obligatio fieri videtur chirographis et syngraphis*.

On peut répondre à l'argument tiré du texte, que ce texte ne renferme pas en lui-même l'argument qu'on prétend en tirer. Le texte ne dit pas : « *litterarum obligatio fit, sed fieri videtur* » laissant ainsi supposer que nous sommes en présence, non pas d'une véritable obligation *litterarum*, mais d'une apparence, « d'un semblant d'obligation » et sous la plume de Gaius, dans une matière aussi délicate, tous les mots portent et doivent être pris à la lettre.

Pour bien saisir le sens du texte de Gaius, il faut

interroger l'histoire. Le jurisconsulte romain a soin de nous avertir que cette sorte d'obligation est spéciale aux pérégrins, « *quod genus obligationis proprium peregrinorum est*, » car les pérégrins avaient emprunté les *syngraphæ* et les *chirographa* aux Grecs. C'est donc la législation grecque qu'il faut étudier pour trouver l'explication de la phrase du commentaire de Gaius, car il est vraisemblable que ces écrits ont eu chez les pérégrins le caractère qu'originairement ils avaient chez les Grecs. Or, il est certain qu'en Grèce, qu'à Athènes les *chirographa* et les *syngraphæ* n'étaient jamais qu'un moyen de preuve; et une telle solution est tout à fait conforme au génie de la législation grecque. En Grèce le droit n'était pas comme à Rome formaliste ; tous les contrats étaient consensuels, la volonté des parties, et non la force arbitraire d'une formule, liait les contractants. « Les lois, disait Démosthène, veulent que toute promesse librement consentie, soit obligatoire. » Dans une législation semblable, les *syngraphæ* et les *chirographa* ne pouvaient être que de simples moyens de preuve d'un contrat déjà formé.

Si Gaius y voit une certaine analogie avec le contrat *litteris*, c'est parce qu'il se place au point de vue de la jurisprudence romaine. A Rome c'est la formule et non le consentement qui fait la force obligatoire d'une promesse « la *stipulatio* ou la *transcriptio* » et Gaius cherche dans les usages des Grecs ce qui tient la place de ces formules : il n'y trouve que le simple billet, *Chirographum* ; et il représente le *chirographum* comme tenant lieu de stipulation ou de *transcriptio*. Elle en tient lieu en pratique, dit M. Gide[1], puisqu'une *syngrapha* entre les mains d'un pérégrin serait tout aussi efficace en justice que le serait le *codex accepti et expensi* entre les mains d'un citoyen romain. L'analogie est incontestable si l'on s'en tient aux apparences ; et Gaius ne dit pas autre chose « *litterarum obligatio fieri videtur*. »

Nous conclurons donc avec le savant auteur que du temps de Gaius les *chirographa* et les *syngraphæ* n'étaient que de simples moyens de preuves, mais ont-ils conservé ce caractère jusqu'à Justinien. Le *chirographum*, le seul des écrits dont parlent encore les textes du *Corpus*, est-il devenu sous Justinien un mode d'obligation. Les interprètes, qui voient dans le *chirographum* le contrat *litteris* de la législation de Justinien, invoquent un texte célèbre des Institutes « De *litterarum obligatione* III, 22. »

« *Plane si quis debere se scripserit quod ei numeratum non est, de pecunia minime numerata, post multum temporis, exceptionem opponere non potest ; hoc*

[1] Gide 220. *De la Novation*).

enim sæpissime constitutum est. Sic fit ut hodie, dum queri non potest, scriptura obligetur. »

A l'argument de texte tiré des Institutes on ajoute un argument de principe tiré de l'emploi même de l'*exceptio non numeratæ pecuniæ.*

— Si les *chirographa* et les *syngraphæ*, dit-on, n'ont jamais été que des moyens de preuve, comme les *arearia nomina*, on ne conçoit pas que les parties aient besoin de recourir à une exception ; il suffirait au débiteur poursuivi à raison du *mutuum* constaté par un billet de cette nature, de nier l'existence même du *mutuum*, la numération des espèces et il pourrait valablement se défendre *ipso jure* sans avoir besoin de se faire délivrer une exception par magistrat[1].

Voilà les deux principaux arguments de l'opinion que nous proposons maintenant de combattre.

Le texte des Institutes est loin d'avoir l'autorité décisive et considérable qu'on lui prête ; mais avant d'en donner une explication qui nous paraît rationnelle, il est utile d'insister sur l'anomalie que crée l'opinion contraire.

Rome a emprunté les *chirographa* aux pérégrins ; mais il n'est pas possible que les écrits aient changé de nature en passant des pérégrins chez les Romains ; que simples moyens de preuve chez les uns, ils soient

[1] Bonnier sur Ortolan. Appendice VIII.

devenus un mode créateur d'obligations chez les autres. Cela est d'autant plus impossible que cette transformation du *chirographum* en nouveau contrat *litteris* est en contradiction avec cette tendance si nettement accusée de la législation romaine de briser définitivement les entraves du formalisme de l'ancien droit.

Ainsi l'existence de ce nouveau contrat *litteris* est contraire à toutes les probabilités historiques ; mais elle est encore démentie par des textes sans nombre et comme le dit M. Gide, par le *Corpus juris civilis* tout entier. Au temps de Justinien, toutes les stipulations, tous les pactes de *constitut* et les prêts de quelque importance étaient, habituellement, constatés par un *chirographum*. Si le *chirographum* s'était changé à cette époque en un contrat *litteris*, ce contrat fût devenu le contrat parexcellence de la vie sociale et de la législation roromaine ; il eût effacé et absorbé tous les autres, comme on l'a très-justement fait remarquer ; et les textes du Digeste et du Code devraient à chaque instant le mentionner, en préciser les particularités essentielles, en réglementer les applications diverses. Au lieu de cela, que voyons-nous dans les textes ? Il y est souvent question des *chirographa*, mais ces *chirographa* sont toujours considérés comme de simples moyens de preuves. (L. 3, § 3, D. *De jure fisc.* XLIX 14.)

Il y a plus. Les diverses sources d'obligations y sont maintes fois énumérées; mais les mots *litteræ*, *scriptæ* qui étaient répétés dans les énumérations de Gaius et des autres jurisconsultes ont disparu des classifications nouvelles : en un mot, autour de ce nouveau contrat, le silence dans les textes se fait complet et absolu.

Il faut bien convenir qu'en présence de ce témoignage unanime de la compilation de Justinien, l'affirmation isolée et solitaire des textes et des Institutes perd singulièrement de valeur et d'autorité. Mais ce texte lui-même résiste sinon à l'interprétation littérale que l'on en donne, au moins aux conséquences que l'on veut déduire de cette interprétation.

L'idée du texte est fort simple. Le débiteur qui reconnaît par écrit avoir emprunté une somme d'argent a un certain délai peut nier le prêt ou rétracter sa reconnaissance : passé ce délai il ne peut plus opposer d'exception. Par *a contrario* il faut dire que le débiteur qui est encore dans les limites du délai (deux ans) peut opposer l'exception.

Je suppose le débiteur actionné dans ce délai de deux ans, c'est-à-dire, dans le délai où il peut opposer l'exception, sur quel titre s'appuiera le créancier pour l'actionner? sur le *mutuum*, ou sur l'écrit qui le constate?

Sur le *mutuum*, incontestablement. Or, peut-on admettre que l'expiration du délai produise par elle-même une sorte de novation dans la créance, qu'elle transforme, qu'elle convertisse une obligation *re* en une obligation *litteris*? Mais la logique et le bon sens sont d'accord ici pour dire que l'expiration du délai ne peut qu'avoir un effet, c'est de donner au *chirographum* une force nouvelle, c'est de lui imprimer un nouveau caractère de véracité et de sincérité. — Le débiteur avait le droit de protester, il ne l'a pas fait ; son silence et son abstention sont comme un nouvel aveu de sa dette ; et la preuve qui résulte de l'écrit ainsi confirmé devient irréfragable et invincible. « Et qu'en résulte-t-il, dit M. Gide, c'est que le prêt est légalement présumé, c'est-à-dire qu'il existe en droit, lors même qu'il n'existerait pas en fait ; » lors même qu'il ne serait pas constaté par un *chirographum* dont la force est uniquement une force probante. Si Justinien se sert des termes « *scriptura obligatur* » c'est par un simple rapprochement théorique de l'effet qui se produit après l'expiration du délai avec l'effet que produisait autrefois l'ancien contrat *litteris*.

L'objection tirée du texte des Institutes écartée, il reste à réfuter le dernier argument des partisans de l'opinion adverse.

A quoi bon, disent-ils, donner au débiteur une

exception si les *chirographa* n'étaient qu'un simple moyen de preuve ? le débiteur peut et doit se défendre *ipso jure*.

M. Gide a fait à cette objection deux réponses péremptoires. La première, c'est qu'à Rome, le prêt était le plus souvent accompagné d'une stipulation nécessaire pour rendre les intérêts exigibles : Le billet « *cautio* » n'était plus que la preuve de la stipulation, d'autant plus que tous les *chirographa* constatant des prêts se terminaient par la phrase de style « *spopondit promisit* » ; l''obligation verbale était sanctionnée par une *condictio :* et c'est à cette *condictio* qu'il était nécessaire d'opposer *l'exceptio non numeratæ pecuniæ*. Voilà l'explication du rôle et de l'utilité de l'exception *non numeratæ pecuniæ*.

La seconde, c'est qu'il ne faut pas donner au mot « *exceptio* » qu'emploient les Institutes le sens technique qu'on est habitué à lui donner dans la procédure formulaire. A l'époque de la rédaction des Institutes, le mot *exceptio* avait perdu sa signification primitive. Les formules judiciaires ayant disparu, les exceptions n'étaient plus des moyens de défense qu'il était nécessaire de demander au magistrat et de faire insérer dans une formule, et nous voyons, en effet, un texte formel au (Code. L. 5 *in quibus caus.* II 41,) qui qualifie *l'exceptio* « de *beneficium* » qualification parfaitement exacte, comme le fait très-justement remarquer M. Gide, car *l'exceptio non numeratæ pecuniæ*, dispensant le défendeur de toute preuve, constitue pour lui un bénéfice spécial et exceptionnel.

Nous pouvons donc conclure en disant que le *chirographum* dans la législation romaine n'a jamais été qu'un mode de preuve, que l'analogie établie par les Institutes entre l'ancien contrat *litteris* et le *chirographum* est trompeuse. — On a expliqué l'erreur des Institutes en disant que ses rédacteurs avaient obéi ici aux habitudes des Jurisconsultes classiques, et aux traditions de l'école qui distinguait quatre sources d'obligations, comme elle distinguait quatre formes de contrat, et il n'est peut-être pas téméraire de dire avec M. Gide « que pour reproduire dans son œuvre cette classification consacrée, le législateur Byzantin a fait comme l'architecte qui pour donner à sa façade une apparence de régularité y dessinerait une fausse fenêtre ; son contrat *litteris* est un contrat postiche qui ne figure que pour la symétrie.[1]. »

[1] Gide. de la novation p. 228.

SECTION TROISIÈME

Apocha Antapocha.

L'apocha (de απεχω) je reçois) est une quittance, un écrit par lequel le créancier reconnaît qu'il a reçu le paiement que lui a fait son débiteur.

L'apocha est utile au débiteur, puisqu'elle le met à l'abri d'un second paiement, et qu'elle offre des garanties que la preuve testimoniale est impuissante à fournir.

Le débiteur a le droit de refuser de payer si le créancier ne veut pas lui donner quittance ; actionné par lui en paiement, il opposera à la demande l'exception *doli mali* (L. I D, *De exceptione doli mali*) car il est contraire à l'équité que le créancier qui reçoit refuse quittance au débiteur qui paie. Si nous supposons que le débiteur ait payé la somme, et que le créancier refuse de donner quittance, le débiteur pourra agir par la *condictio causa data causa non secuta.* Il peut, en effet, dire au créancier : « En vous payant, je poursuivais un double but : je voulais m'acquitter de ma dette, et obtenir ma libération : la preuve de ma libération ne m'est pas fournie : il n'y a rien de fait.

L'antapocha (de αντι en échange et αποχα quittance) est l'écrit par lequel le débiteur reconnait avoir reçu quittance, et par là même avoir acquitté sa dette.

L'antapocha peut revêtir une autre forme et se présenter ainsi. Le créancier après avoir reçu paiement rédige deux quittances, l'une qu'il remet à son débiteur, l'autre qu'il lui fait signer, qu'il garde, et dans laquelle le débiteur atteste qu'il est libéré de sa dette[1].

Quelle est pour le créancier l'utilité de *l'antapocha?*

L'antapocha est d'une grande utilité dans les rapports du propriétaire avec son colon. Il peut arriver que le fermier à un moment donné change le titre de sa possession et se prétende propriétaire ; un procès en revendication s'en suit. Le *dominus* est exposé à un danger très-grave ; son droit est mis en doute, et la loi lui impose l'obligation d'en faire la preuve. Or, il est souvent difficile pour le *dominus* de prouver son droit de propriété, et de démontrer la possession précaire de son fermier. *L'antapocha* lui permet de se soustraire à cette situation dangereuse ; et en se faisant délivrer une *antapocha* à chaque redevance que lui paiera son colon, et qui contiendra l'aveu de la possession précaire du colon, le *dominus* sera sûr de triompher en justice, puisqu'il pourra opposer à son adversaire son propre aveu.

Dans un autre ordre d'idées, *l'antapocha* présente

[1] Loi 19 Code *De fide instrumentorum* IV 21.

une grande utilité pour le créancier d'une somme productive d'intérêts.

Primus doit à *Secundus* une somme productive d'intérêts. Pendant 30 ans, il lui a régulièrement payé les intérêts, mais à l'expiration de ce temps il refuse de payer capital et intérêts en invoquant la prescription [1]. Il faut que le créancier prouve que la prescription a été interrompue, comment le prouvera-t-il? S'il s'est contenté de délivrer une quittance à chaque paiement d'intérêts, ces quittances ne lui seront d'aucune utilité, car elles sont restées aux mains du débiteur qui se gardera bien de les montrer. *L'antapocha* permet au créancier d'établir d'une façon victorieuse l'interruption de la prescription ; cet *antapocha* constate en effet le paiement des intérêts par le débiteur, et fournit ainsi la preuve que le débiteur n'a pu prescrire [2].

L'apocha et *l'antapocha* devaient contenir le nom de celui qui paie, de celui qui reçoit, le montant de la somme payée, la mention de la cause de la dette, et enfin la date du paiement.

Dans quel cas le créancier a-t-il le droit de se faire ainsi remettre une *antapocha* par son débiteur.

[1] L. 3. Code De Præsc. XXX ann. VII 39.
[2] L. 8. C. De Præscr. XXX ann.

Les raisons qui expliquent l'utilité de *l'antapocha* indiquent en même temps ces cas.

Le créancier pourra exiger une *antapocha* toutes les fois qu'il s'agira de redevances annuelles, de paiements périodiques tels que fermages de biens, intérêt de sommes d'argent, redevances emphytéotiques. Les cas que la loi cite ne sont que des exemples ; et la règle doit être étendue à tous les cas similaires et analogues. Mais il y a une limite à indiquer. Le créancier ne saurait réclamer légalement une *antapocha* de son débiteur quand la dette de celui-ci s'éteint au moyen d'un paiement unique.

Il y a ici une difficulté pratique qu'il est curieux d'examiner.

Le créancier ne peut évidemment demander l'*antapocha* qu'après avoir lui-même donné quittance, mais il faut prévoir le cas où le créancier, après avoir donné quittance ne peut obtenir du débiteur la délivrance de l'*antapocha*, comment pourra-t-il triompher du refus de ce dernier ?

Aura-t-il recours à une *condictio ex lege* qui appartient à tous ceux auxquels la loi accorde un droit, sans dire par quelle action il pourra être exercé ? Mais par la *condictio* le débiteur ne peut être condamné que « *in eo quod creditoris interest;* » or, l'intérêt du créancier n'est pas actuellement né ; c'est pour parer à un danger futur, éventuel qu'il réclame une contre-quittance, la condamnation est donc impossible[1].

Il est une hypothèse cependant où l'emploi de la *condictio ex lege* fera obtenir indirectement au créancier ce qu'il désire : c'est l'hypothèse où le débiteur poursuivi reconnaîtra en justice qu'il a payé et qu'il a refusé de donner quittance. Cet aveu fait en justice aura certainement la force d'une *antapocha*.

Mais ordinairement le débiteur ou le fermier niera tout à fait la dette et le paiement, dans ce cas la *condictio ex lege* ne peut rien faire obtenir au créancier, quelle sera sa ressource ? Il pourra interpeller extrajudiciairement son débiteur et lui demander une contre-quittance. Si le débiteur refuse, il fera constater son refus par témoins, afin que plus tard le débiteur ne puisse pas prétendre qu'il n'a jamais refusé de donner l'*antapocha*, et le créancier intentera contre lui, non pas une action nouvelle, mais l'action ancienne, celle par laquelle il pouvait obtenir le paiement des intérêts.

Le débiteur se trouvera alors placé en présence de cette alternative. Payer une seconde fois ou représenter quittance. Quel que soit le parti que prenne le débiteur, le créancier aura atteint son but.

[1] L. 1. Unu lib. XIII, II.

SECTION QUATRIÈME

De la forme des actes privés.

Le droit Romain se montra toujours très-large quant à la forme des écrits privés, et ici il paraît avoir abdiqué le formalisme étroit et exagéré, qui marque d'un signe particulier certaines parties de sa législation.

La loi n'exigeait pas, en effet, que les écrits privés fussent écrits de la main des contractants, ils pouvaient être rédigés par un tiers. C'était particulièrement aux jurisconsultes qu'on s'adressait. Leur connaissance du droit était un garant très-sûr de la rédaction régulière de ces actes. Indépendamment des jurisconsultes, il y avait toute une catégorie de personnes dont la fonction habituelle était d'écrire les actes. Dans cette catégorie étaient compris les *Tabellarii*, esclaves de personnes riches dont ils étaient les secrétaires ; les scribes, personnes libres qui servaient également de secrétaires, soit à des particuliers, soit à des magistrats[1].

Cette faculté laissée aux parties de faire rédiger leurs actes par des personnes étrangères aux actes nous est attestée par des textes[2], qui la reconnaissent

[1] Loi 2 § 7 De origine Juris lib. I, II.

[2] L. 20 C. de Test.

précisément à propos des actes les plus importants, les testaments et les *donations* [1] ; et il est rationnel de l'étendre aux actes juridiques, tels que la vente, etc. en un mot à toutes les conventions qui entrent dans le large courant de la vie sociale.

Une condition seule est exigée, mais à peine de nullité, c'est la signature des parties, que l'acte soit ou non écrit de leur main. (L. 2, C. *qui potiores in pignore* lib. VIII 18).

La signature des parties a-t-elle toujours été exigée ? Il est permis de croire que tant que l'écriture a été peu répandue à Rome, on se contenta de l'apposition du sceau, *signaculum* ; et que ce n'est qu'à l'époque ou elle devint plus commune qu'on exigea la signature. Cette hypothèse se trouve vérifiée par l'observation suivante. Le cachet pour les testaments prétoriens fut toujours considéré comme nécessaire et suffisant, tandis qu'il fallut la signature du testateur pour la validité de ceux qui étaient rédigés dans la forme introduite par les constitutions impériales. Il est donc permis de croire que ce ne fut que tardivement, dans une civilisation assez avancée, que l'écriture fut exigée : mais du jour où elle le fut, la formalité de la signature et de l'apposition du sceau furent indivisibles, au moins pour certains actes, tels que les

[1] L. 31 C. de Donationibus.

testaments, dans lesquels le sceau paraît avoir été le complément indispensable de l'écriture. C'est l'opinion qui nous trouvons exprimée dans Ulpien, (L. 22, § 4. D. *qui Testamento facere possunt*).

Mais le principe posé par Ulpien en ce qui concerne les testaments n'est pas une règle générale applicable aux contrats[1]. Certains textes en termes formels énumèrent des contrats pour lesquels la signature était la seule forme indispensable à la validité de l'écrit qui les constatait. (L. 34, § 1. *De Pignoribus et hypothecis*)[2]. Quant à la nécessité absolue de la signature, la loi 28, *Dig. Depositi vel contra*, nous en fournit une preuve convaincante. Cette loi décide que la reconnaissance d'un dépôt faite dans une lettre non signée de celui qui l'a écrite, n'a aucune valeur juridique, lors même qu'elle commence par donner les noms du dépositaire et du déposant.

D'après le texte de Scœvola. (L. 34, § 1. *De pignoribus)* la mention du lieu où l'acte a été passée n'est pas exigée, de même la mention de la date, quelque utilité que cette dernière mention puisse avoir en ma-

[1] « Si quis ex testibus nomen suum non adscripserit, verum tamen signaverit, pro eo est atque si adhibitus non esset, et si, ut multi faciunt, adscripserit se, non tamen signaverit, adhuc idem dicemus. »

[2] Respondit... non idcirco obligationem pignorum cessare, quod dies et consules additi vel tabulæ signatæ non sint.

tière de conventions d'hypothèques faites relativement au même objet, car alors l'ordre de préférence entre les divers créanciers est déterminé par l'ordre chronologique de leurs titres « *qui prior tempore potior jure.* »

Il y a toute une catégorie d'actes juridiques tels que la vente, l'échange, les donations exemptes d'insinuations etc., pour lesquels on exigea une formalité spéciale, dans le but de donner à la preuve écrite un caractère de certitude aussi complet que possible ; cette formalité spéciale c'est la mise au net du brouillon de l'écrit qui constatait la convention. (L. 26, Code lib. XXI).

La présence de témoins n'était pas nécessaire lors de la rédaction des actes ; mais il y avait un grand intérêt à distinguer au point de vue de la création des droits réels si l'acte avait été passé avec ou sans témoins. L'empereur Léon[1] avait décidé que les actes publics constitutifs d'hypothèque passeraient en principe avant les actes privés même d'une date antérieure, à moins que ceux-ci ne portassent la signature de trois témoins, auquel cas leur valeur serait la même que celle des actes publics. On a fait justement remarquer que la décision de l'empereur Léon contenait en germe toute la théorie de la date certaine de notre droit français.

Justinien a réglementé cette assistance des témoins

[1] L. 11. Code qui pot. in pign.

à la rédaction des actes. Leur présence est exigée non plus pour en certifier la date, mais pour garantir la sincérité de l'écriture. Dans la loi 17 au Code, « *si certum petatur IV* 2 » il exige d'abord la « *subscriptio* » de 3 témoins pour tout billet ou quittance dont l'objet excéderait 50 livres d'or. Bientôt il étend son innovation aux actes destinés à faire preuve d'un dépôt ou de tout autre contrat. Plus tard dans la Novelle 73 il ordonne que tous les titres ayant pour objet plus d'une livre d'or devront être rédigés en présence de 3 témoins et même de 5, si le contrat a lieu entre personnes illettrées. Le dispositions de cette Novelle sont inapplicables à la campagne.

Dans la novelle 90 Justinien énumère les conditions auxquelles seront désormais soumis les témoins instrumentaires. Les témoins doivent être des personnes dignes de foi et de réputation irréprochable «*probatæ atque integræ opinionis* » et il écarte les gens de condition inférieure, tels que les artisans ou les hommes obscurs, de plus il exige que les témoins aient été convoqués spécialement en vue de l'acte auquel ils participent; et il refuse toute créance au témoignage de ceux qui auraient prêté leur assistance par le pur effet du hasard sans avoir été invités.

Hæc autem inania et ex transitu perhibita testimonia, nulla modis omnibus valere ratione.

Les témoins appelés à concourir aux actes devaient les signer. S'ils ne savaient pas signer, leur nom était inscrit ; et en cas de besoin, on les appelait pour qu'ils pussent attester que l'acte avait été dressé en leur présence, et qu'ils en connaissaient les signataires[1]. Si l'écrit était méconnu, on recourait tant à leur témoignage qu'à la comparaison des écritures. Mais leur assistance était la condition nécessaire de cette comparaison.

C'était là un motif de plus, pour justifier l'emploi des témoins dans les actes privés, et Justinien nous révèle la pensée qui lui a inspiré cette prescription dans cette phrase de la Novelle 73.

Ut non in sola scriptura et ejus examinatione pendamus, sed sit judicantibus etiam testium solatum.

SECTION CINQUIÈME

De la force probante des actes privés.

Un acte privé est produit en justice remplissant toutes les conditions que nous avons indiquées, quelle est la foi qui lui est due?

Il faut faire tout d'abord une distinction entre deux

[1] Nov. 73 Ch. Ier.

hypothèses distinctes : 1° l'écrit émane de celui qui le produit : 2° il émane de son adversaire.

A. L'écrit émane de celui qui le produit. Les Romains ont posé ce principe de sagesse que nul ne peut se contenter d'apporter, à l'appui de sa prétention, l'écrit qu'il a rédigé lui-même. Nous avons eu déjà l'occasion de signaler l'application de cette idée ; et nous avons vu que le créancier ne pouvait pas, par la seule production de son Codex, faire preuve de sa créance. Il faut généraliser, et dire que l'écrit émané de celui qui le produit, ne peut faire foi en sa faveur ou en faveur de ses héritiers, qu'autant qu'il est appuyé sur d'autres moyens qui sont comme des suppléments de preuves (*adminicula*). C'est ce que décide la loi 5 au « Code » *de probationibus*. « *Instrumenta domestica seu privata testatio, si non aliis quoque adminiculis adjuventur, ad probationem solam non sufficiunt.* » C'est en vertu de ces principes que l'on décide que les comptes d'un défunt trouvés dans sa succession ne suffisent pas plus pour prouver l'obligation du débiteur, que la déclaration expresse d'une dette insérée dans un testament ne suffit pour prouver l'existence de la créance au profit des héritiers.

La loi 7 indique le motif de ces décisions. « Il serait d'un dangereux exemple de donner foi à des notes par lesquelles un individu se serait constitué lui-même créancier ; c'est pourquoi ni le fisc, ni personne ne peuvent par de simples notes qu'ils ont faites eux-mêmes prouver qu'on leur doit quelque chose. »

Pour que l'écrit émané de celui qui le produit fasse preuve au profit du créancier, il faut, avons-nous dit, qu'il s'appuie sur certains suppléments de preuve « *adminicula.*»

Quels peuvent être ces *adminicula*.

Il est permis de croire que ce sont la présence et le consentement du débiteur attestés par des témoins instrumentaires.

B. L'écrit émane de l'adversaire de celui qui le produit.

Il est de principe que l'écrit régulièrement rédigé fait preuve contre son auteur. Les Romains n'ont pas pris la peine de formuler d'une manière générale ce principe, mais il résulte de l'ensemble des textes.

Pour qu'un acte privé fasse ainsi foi contre celui qui l'a signé, il y a une condition essentielle à remplir. Il faut que la signature n'ait pas été déniée, ou si elle l'a été, qu'elle soit reconnue volontairement ou judiciairement. Si celui dont le billet porte la signature nie qu'il ait été écrit par lui ou sur son ordre, le demandeur aura deux moyens de combattre cette allégation ; ou il invoquera le témoignage de ceux qui ont assisté à la confection de l'acte, ou il demandera la comparaison des écritures. Si le défendeur soutient que l'acte qu'on lui oppose est faux, il pourra, en supposant que l'écrit renferme la mention des jours et du lieu où il aura été rédigé, prouver que le même jour il se trouvait dans un lieu différent ; et cette preuve pourra être faite. « *Testibus sive instrumentis* » tant par titres que par témoins. *Par titres*,en produisant des actes sur lesquels il a apposé sa signature le même jour en tel endroit déterminé, soit comme partie, soit comme témoin. Mais il faut que cet acte soit public ou *publice confectum* et, en effet, si l'écrit émanait de celui qui soutient l'alibi, il rentrerait dans la classe des *acta domestica* dont nous avons parlé tout à l'heure, il ne ferait point preuve ; et s'il émanait d'un autre particulier, il n'aurait pas une autorité suffisante par suite du principe que le témoignage d'un seul ne fait pas foi. « *Unius testimonio non esse credendum.* » *Par témoins*, celui qui nie que le billet émane de lui pourra prouver l'alibi par des témoins ; mais les Romains n'étaient pas d'accord sur le nombre de témoins nécessaires.

Une première opinion se fondait sur le raisonnement suivant. Si l'écrit s'appuie sur le témoignage de trois témoins, et si d'un autre côté, trois témoins, dignes de foi en contestent la sincérité, il y a au point de vue de la preuve, identité de situation entre les parties, et l'on doit appliquer et suivre la maxime de droit. « *Favorabiliores rei quam actores habentur* et appliquer ce principe. « *In pari causa potiorem esse debere reum unde petitur, et contra actorem pronuntiandum esse* [1] Or, « *l'actor* » dans le débat est celui qui présente l'écrit, que ce soit le créancier qui invoque le billet de son débiteur, que ce soit le débiteur qui présente la quittance du créancier, « *nam in exceptione reus et actor.* »

La deuxième opinion qui paraît avoir prévalu partait de cette idée qu'il fallait plus de témoins pour repousser un écrit que pour le confirmer ; mais on considérait l'acte comme un témoignage, et par conséquent s'il avait été rédigé en présence de trois témoins, l'acte était regardé comme un quatrième témoin et il fallait alors cinq témoins pour le combattre. La mauvaise foi de celui qui refusait de reconnaître son écriture était punie d'une amende de 24 sous d'or, et Justinien même établit une condamnation *in duplum* (Nov. XVIII, ch. VIII).

La force probante des actes privés n'est attachée qu'à l'écrit lui-même émané de la partie à qui on l'appose, et non à sa copie, à plus forte raison elle n'est pas attachée à la mention qui pourrait être faite dans un autre acte (Nov. CXIX, ch. III).

[1] Loi 125. *De reg. Juris L.* 17.

Cette force probante même n'est pas toujours la même; elle augmente et diminue suivant que l'écrit contient ou ne contient pas la mention de la cause de l'obligation, suivant qu'il porte que l'obligation a pris naissance par suite d'une vente, d'un louage ou d'un *mutuum* ou qu'il contient simplement reconnaissance de la dette.

Lorsque l'écrit est causé, la cause qu'il indique comme étant celle de l'obligation est tenue pour vraie, et le débiteur ne peut valablement en contester la réalité qu'en s'appuyant sur les preuves les plus évidentes et consistant en écrits « *evidentissimis probationibus in scriptis habitis.* »

En l'absence de ces preuves, on s'en tiendra à l'écrit qui contient la reconnaissance obligatoire du fait.

Lorsque l'écrit ne porte pas la mention de la cause, ou qu'il s'exprime en termes généraux et sans preciser distinctement le fait obligatoire, il n'est pas considéré comme renfermant de la part du débiteur une reconnaissance suffisante de la dette c'est au créancier qu'incombe le soin de prouver ce qu'il lui est du et pourquoi il lui est du.

« *Tunc cum, in quem cautio exposita est, compelli debitum esse ostendere, quod in cautionem deduxit.* » (L. 25, § 4. *De probationibus*).

[1] L. 25, § 4. *De probationibus* XXII, 3).

La mention de la cause était sinon essentielle au moins très-utile, car suivant qu'elle existait ou qu'elle n'existait pas, c'était au débiteur ou au créancier qu'incombait le fardeau de la preuve. Il n'en était pas ainsi lorsque l'écrit était générateur d'obligation, comme par exemple dans l'*expensilatio*. Il importait peu alors, selon les principes rigoureux du droit civil, qu'il y ait ou non une cause préexistante ; du moment que l'écriture était revêtue des conditions requises, elle se trouvait être la « *causa civilis contrahendæ obligationis*. »

La force probante de l'acte privé reçoit échec dans deux cas. Le premier est celui de l'*exceptio non numeratæ pecuniæ*. Si la promesse verbale ou écrite est faite pour cause d'un *mutuum* ou prêt d'argent, et que le débiteur allègue que l'argent ne lui a pas été compté, il a pour se défendre une exception de dol qui rédigée *in factum* prend le nom d'exception *non numeratæ pecuniæ*. Il ne suffit pas que le prêteur qui s'est fait donner une reconnaissance écrite du prêt, produise cette « *cautio* » pour faire proclamer en justice l'obligation de son débiteur ; il doit encore prouver la numération des espèces sous peine de perdre son procès. (L. 3, Code. *De non numerata pecunia*).

Cette dérogation au fameux principe « *Reus in excipiendo fit actor* » s'explique par la nécessité où le législateur se trouvait de conjurer et de prévenir les fraudes que les prêteurs d'argent pouvaient commettre au détriment des débiteurs pressés par la misère ou des besoins impérieux d'argent. L'écrit étant la plupart du temps rédigé et signé avant la numération des espèces, il était facile au prêteur de mauvaise foi de s'emparer de l'écrit, et de refuser ensuite le paiement de la somme convenue. Le délai pendant lequel l'*exceptio non numeratæ pecuniæ* pouvait être exercée avait été fixé d'abord à un an, ensuite à cinq ans, par une constitution de Marc-Aurèle. Justinien le ramena à deux ans.

La brièveté de ce dernier délai exposait le débiteur au danger et au calcul suivant « Moi, créancier, j'attendrai l'expiration du délai de deux ans, et j'agirai ensuite en toute sécurité. » Mais le débiteur pouvait déjouer ce calcul en prenant les devants, et en actionnant l'adversaire en restitution de l'écrit par une « *condictio sine causa.* » Le créancier, pour obtenir condamnation, devait alors prouver la numération des espèces (L. 4, C. IV, 9). Justinien accorde au signataire du billet une autre faculté. Il lui promet, dans le délai de deux ans, d'adresser une protestation « *querela non numeratæ pecuniæ* » au créancier ou à l'autorité compétente ; et en vertu de cette protestation le débiteur peut opposer en tout temps l'*exceptio non numeratæ pecuniæ*. (L. 14, pr. § 4. C. 4, 30).

La seconde dérogation a été créée par Justinien : et on peut dire qu'elle a été créée à l'image de la précédente. Justinien a décidé que lorsque le titre constatant la créance est resté entre les mains du créancier, l'effet de l'*apocha* peut dans les 30 jours de sa date être paralysé par une exception que Justinien dénomme « *exceptio non numeratæ pecuniæ.* » Si nous supposons que dans ce délai le créancier exerce son action, et que le débiteur lui oppose l'*apocha*, il pourra se borner à nier le paiement, et c'est au débiteur à prouver qu'il a été effectué. Le débiteur se trouve donc placé dans la même situation que le prêteur dans l'hypothèse précédente ; et c'est ce qui autorise Justinien à employer cette expression inexacte « *exceptio non numeratæ pecuniæ.* »

Au bout de 30 jours écoulés sans contestation « *l'apocha* » acquiert une autorité irréfongable. Observons cependant que la décision de Justinien n'a qu'un cercle d'application fort restreint ; elle ne s'applique pas aux quittances donnant décharge d'une dot, ou d'un dépôt d'une *certa res*, ou d'une « *certa pecunia* » ni à celles émanées des fonctionnaires publics.

CHAPITRE II

SCRIPTURÆ FORENSES

Nous diviserons ce chapitre en trois parties ; nous étudierons successivement quelles sont les personnes qui rédigent les *acta forensia*, la forme de ces actes, leur force probante.

Les « *scripturæ forenses* » étaient des écrits rédigés par des tabellions avec des formalités prescrites et en présence d'un certain nombre de témoins. Ces écrits portent le nom de « *Forenses* », parce que c'était au *Forum* que ceux qui les rédigeaient avaient leurs bureaux ; mais les textes les appellent aussi *instrumenta publice confecta* . Il ne faut pas cependant les confondre avec les écrits publics. Le mot public n'a pas ici, en effet, son sens technique ordinaire. L'empereur ne veut pas dire que les actes dont s'agit étaient redigés au nom de l'autorité publique ; il veut simplement exprimer qu'ils se faisaient en public au *Forum*[1]. Les *scripturæ forenses* se distinguent des actes publics et des actes privés en ce qu'ils ont une force probante moins grande que les premiers et plus grande que les seconds. Aussi Doneau les qualifie-t-il de *Media* en raison du caractère particulier qu'ils présentent.

[1] L. 20 Code de Fide Instrum.

Avant d'étudier les détails relatifs à la rédaction des *scripturæ forenses*, il est nécessaire d'indiquer quelles étaient les personnes qui étaient chargées de les dresser.

Nous savons que les Romains recouraient volontiers aux bons offices d'un tiers pour rédiger leurs conventions. Cette habitude profondément enracinée dans les mœurs romaines donna naissance à une profession nouvelle. Des hommes s'établirent pour prêter leur ministère à ceux qui ne savaient pas ou qui ne voulaient pas écrire ? Ils sont désignés dans les textes sous les noms différents de *Tabularii*, *Tabelliones*, *Conditionales*. »

La dénomination des *tabularii* est la plus ancienne, son étymologie est claire : les *tabularii* tirent leur nom du « *tabulæ* » tablettes sur lesquelles ils écrivaient. Les *tabularii* n'étaient pas des officiers ayant mission de recevoir les conventions des parties, ils ne ressemblaient donc en aucune façon aux officiers qui ont aujourd'hui le pouvoir de rédiger les actes authentiques. Il est permis de conjecturer qu'à l'origine les *tabularii* n'étaient que des esclaves chargés d'écrire sous la dictée de leurs maîtres et de porter les missives. C'est, en effet, dans ce sens que le mot *tabularii* est pris dans les épîtres de Cicéron « *Ego tabellarios postero dies eram ad vos missurus*[1]. » Ce qui auto-

[1] Epitre 9, § 4, liv. VI.

rise et confirme cette conjecture qu'à l'origine les *tabularii* étaient de condition servile, c'est une constitution d'Honorius et d'Arcadius qui décide qu'à l'avenir les « *tabularii* » ne pourront plus être choisis que parmi les hommes libres[1].

Il ne faut pas confondre les *tabularii* avec les *notarii*. Les *notarii* étaient de simples scribes, ordinairement des esclaves publics, qui écrivaient en abréviation « *in notis* » des actes de toute nature. Ils signaient même les conventions des parties en leur propre nom, et souvent aussi ils stipulaient pour les incapables, comme le prouve la loi 1e § 15 D. *De magistratibus conveniendis* XXVII 8. On les appelait également *cursores* ou *logographi* parce qu'ils étaient chargés de recueillir les discours publics comme les sténographes de nos jours. Au Bas Empire la même dénomination était appliquée à des officiers importants attachés au *consistorium principis*[2].

Certains textes[3] emploient pour désigner les *tabularii* le mot « *conditionales* ». Ce mot indique d'une façon très-précise la véritable situation des *tabularii*. Ils sont attachés à leur condition comme les colons et les *decuriones* ; ils sont donc placés dans un

[1] L. 3 C. De Tabulariis X-69.
[2] L. unic. C. XII-7.
[3] L. 7, C. *De jure fisci* XI. L. 2, *qui pot. in pign.* VIII, 18.

état intermédiaire entre la servitude et la liberté. Ainsi ils ne peuvent résigner leurs fonctions pour en prendre d'autres, et cette obligation pèse également sur la tête de leurs fils.

Cependant si on compare la situation des *tabularii* à cette époque de la législation romaine avec celle qu'ils eurent dans le passé, on la voit s'élever et sensiblement grandir. Attachés comme les greffiers ou les clercs de nos jours à des magistrats ou même à des tabellions, ils jouent un rôle assez important pour que l'empereur Alexandre dise dans une constitution qu'ils exercent des *officia municipalia*. Ces *officia municipalia*, ces attributions *municipales*, dont ils étaient investis, consistaient surtout dans la tenue des comptes des magistrats des cités, dans la confection des rôles des impôts [1], et dans la rédaction de certains registres publics. Ils eurent même des attributions spéciales dans le droit privé ; ce sont eux qui sous Justinien reçoivent la « *cautio* » garantissant la restitution des biens de l'impubère adrogé [2] ; qui assistent à la confection de l'inventaire nécessaire à l'exercice du *jus deliberandi*, qui constatent la remise du *libellus*, inter ruptif de prescription [3].

[1] L. I, C. de censibus XI 57.

[2] Inst. De adoptionibus § 3. I. II.

[3] L. 2, Code *De annali. excepl.* VII-40.

Au Bas Empire, à une époque qu'il est difficile de préciser, une séparation s'est opérée dans les fonctions multiples des « *tabularii.* » Les fonctions qui concernaient les intérêts municipaux, furent confiés à des fonctionnaires qui conservèrent le nom de *tabularii.* Quant aux officiers chargés de rédiger les actes des particuliers, sous la forme d'*acta forensia*, ils portent désormais le nom de tabellions ; telles sont au moins les déductions que l'on peut tirer des textes qui, sous Justinien, indiquent une distinction entre les *tabularii* et les *tabelliones*. Certains auteurs ont soutenu que les mots *tabularii* et *tabelliones* étaient synonymes : et que ces deux mots désignaient en réalité les mêmes personnes. Nous ne croyons pas cette opinion fondée. De nombreux Textes frappent les *tabelliones* de pénalités, quand ils n'ont pas rempli les formalités voulues, pour la confection des testaments (T. 29, L. VI, 23), quand ils se sont prêtés à une insinuation faite par un fonctionnaire incompétent (L. 22, C. VIII, 54), qui ne parlent nullement des *tabularii* : nous ajouterons enfin, que les tabellions, à Rome, jouissaient d'une confiance très-grande, qui avait son principe dans la loi, et à laquelle il est difficile de croire que les *tabularii*, esclaves publics ou privés, participaient.

Cujas a donné des tabellions la définition suivante : « *Tabelliones sunt publici contractuum scriptores.* » Il semble, d'après une Novelle de l'empereur Léon, que les tabellions formaient, à Rome, un grand collège, placé sous la direction d'un chef, et qui se recrutait lui-même par la voie de l'élection. Pour être reçu dans son sein, il fallait justifier, suivant Cujas, des qualités suivantes « *fidei probæ, et scribendi loquendique peritissimi, nec non et jurisperiti.* »

Etudions maintenant les formes des *scripturæ forenses.*

SECTION PREMIÈRE

De la forme des scripturæ forenses.

Le Tabellion ou clerc (*notarius*), commençait par prendre note de la volonté des parties, et dressait un projet d'actes en petits caractères (*in minutis*). Ce projet (*scheda*), était ensuite mis au net (*in mundum*), (L. 17. *C. de fide instrumentorum*), sur une feuille spéciale marquée d'un timbre (*protocollum*), et qui portait le nom du *comes sacrarum largitionum*, (le ministre des finances de nos jours) en exercice, au moment de sa fabrication, l'année de la fabrication de la feuille ou tablette, etc... Justinien ne rendit cependant l'usage de ces feuilles obligatoire, qu'à Constantinople, car il eût été difficile de se procurer de telles feuilles dans d'autres localités.

La signature du tabellion sur l'acte n'était pas exigée, et jusqu'à Justinien, il en fut de même de la signature des témoins. Ceux-ci se bornaient à apposer leur sceau sur l'acte. C'était une garantie précieuse ; d'abord l'apposition du sceau attestait leur présence à la rédaction de l'acte ; ensuite, elle rendait difficiles les changements et les falsifications que des faussaires auraient pu apporter aux tablettes, car ce sceau était mis sur un fil qui, de distance en distance, traversait trois fois la marge.

Le tabellion, après avoir lu l'écrit, ajoutait qu'il avait été aussi fait sur l'ordre des parties : c'est ce que désignent les textes par ces mots « *absolvere instrumentum* » ou *completio Tabellionis*.

Mais avant Justinien, il arrivait souvent que les tabellions se contentaient d'écrire cette *completio*, en laissant, à leurs clercs, le soin de constater les conventions des parties et de rédiger l'acte. Cette façon de procéder avait cet inconvénient, que si les parties, plus tard, contestaient l'exactitude des conventions rapportées dans l'acte, les tabellions restés étrangers à la rédaction de l'acte, étaient dans l'impossibilité d'éclairer le juge sur la teneur et de la sincérité de cet acte. C'est pour éviter cet inconvénient que Justinien décide ;

1° Que les tabellions seront tenus d'assister à l'expédition des actes, et de prendre connaissance de chacun de ceux qui se rédigent par leur ministère, avant de « *completionem imponere*[1]. » Rien ne peut dispenser de cette présence effective, ni les maladies, ni les travaux : mais les tabellions sont autorisés alors à faire comparaître, par devant eux, les parties contractantes (*Ibid.* § 3).

L'inobservation de cette prescription est sanctionnée non pas par la nullité de l'acte, mais par la destitution du tabellion (*Ibid.* 4). Toutefois, Justinien permet à chaque tabellion de désigner un clerc qui pourra le remplacer, à condition que cette désignation soit faite et enregistrée devant le « *magister census.* »

2° Chaque acte doit contenir le nom de l'empereur et l'année de son règne.

Le nom du consul et la désignation de l'année de sa charge.

L'indication du mois et du jour de la rédaction de l'acte (Nov. 47, chap. Ier).

3° La présence des témoins est absolument nécessaire ; leur nombre est fixé à 3, et le tabellion doit insérer une mention spéciale de leur présence.

4° Le tabellion doit écrire « *propria manu* » la *completio*. Certains auteurs ont soutenu qu'il devait

[1] Nov. 44 Ch. Ier.

également transcrire l'acte *in mundum*. Mais la loi 17, C. *de fide instrumentorum*, sur laquelle ils s'appuyent, résiste à cette interprétation.

Aucune texte n'exige la signature des tabellions ; et il en est de même de la signature des parties. Et on tire cette solution, non-seulement du silence des textes, mais encore du rapprochement et de la comparaison des règles qui régissent les actes privés et les actes *publice confecta*. Pour les premiers, les textes exigent expressément la *subscriptio partium* ; pour les seconds, ils se contentent de requérir la *completio* du tabellion. Ajoutons enfin que l'obligation d'apposer leur signature, imposée aux parties, serait en contradiction avec le but que le législateur s'est proposé dans l'institution des tabellions. L'office des tabellions avait, en effet, pour but de permettre aux personnes qui ne savaient point écrire, et presque jamais signer, de se procurer la preuve écrite de leurs conventions.

SECTION II

De la force probante des scripturæ Forenses.

Les *scripturæ Forenses* ne doivent pas être assimilés quant à la force probante, à nos actes authentiques.

Il y avait à Rome cette particularité singulière que l'intervention des témoins n'était pas moins nécessaire au point de vue de la forme que du fond, car les contrats ne faisaient pas pleine foi comme parmi nous ; il fallait auparavant que les témoins dont les noms étaient inscrits sur l'acte qui les constatait eussent été entendus devant le juge sur la vérité de l'écrit. Le tabellion qui l'avait dressé, n'était aux yeux de la loi romaine qu'un témoin jouissant d'un crédit supérieur.

Pour qu'un écrit *Forensis* pût faire foi en justice, il fallait, outre l'accomplissement des conditions que nous avons signalées, qu'il énonçât la cause de l'engagement, comme les actes privés, sous peine, par le porteur, d'avoir à l'établir par des moyens pris en dehors de l'écrit. Quant à l'énonciation du lieu où l'acte avait été passé, si elle était très-utile pour la preuve du faux, en principe elle n'était pas indispensable.

Supposons l'écrit produit en justice et étudions la marche à suivre. Le tabellion était d'abord appelé afin qu'il reconnût l'écriture et qu'il affirmât la sincérité ; en cas de son absence ou de son décès, on appelait les témoins qui avaient assisté à la rédaction, et à leur défaut seulement, on avait recours à la vérification des écritures. Le tabellion, au lieu d'écrire lui-même l'acte, l'avait-il fait écrire par un scribe (*ama-*

nuensis) ou, s'était-il adjoint un *adnumerator* pour compter les espèces, ces deux auxiliaires devaient déposer sous la foi du serment[1]. Leur témoignage suffisait en cas d'absence ou de mort du tabellion. Si le tabellion seul se présentait, les autres étant empêchés, la loi romaine se contentait de son témoignage, appuyé de son serment. La vérification, quand elle avait lieu, portait sur l'écriture du tabellion et sur la signature des témoins et des parties, si celles-ci avaient signé.

Quel était le nombre nécessaire de témoins pour que l'acte fît foi? 3 sous Justinien. S'il n'y a eu lors de la rédaction de l'acte que trois témoins, et que l'un d'eux nie avoir assisté à la rédaction de l'acte, l'écrit devient suspect; y a-t-il un nombre supérieur de témoins, six par exemple, il suffit pour que l'acte fasse foi, de l'attestation de trois d'entre eux, pourvu qu'ils soient tous trois des gens honorables et dignes de foi. Doneau[2] a expliqué cette décision de la façon suivante qui n'est pas exempte d'une certaine subtilité : chacun des témoins qui vient déclarer qu'il n'a pas été présent à l'acte porte témoignage sur un fait qui lui est personnel. Chacun de ces faits particuliers n'est soutenu que par un seul témoignage et par ap-

[1] Nov. 73, Ch. VII, § 1.
[2] Donel. ad tit. de fide instrum.

plication de la maxime romaine. « *Testis unus*, *testis nullus* » ces déclarations individuelles restent sans effets sur l'acte. Il en serait autrement si toutes tendaient vers ce même but ; affirmer que l'acte n'a pas été passé en présence des témoins requis ; mais il n'y a pas convergence vers un même point, ni concours des témoignages ; il y a isolement dans notre espèce.

Pour ne pas jouir du privilège de l'authenticité, comme les *acta publica*, les *scripturæ forenses* n'en ont pas moins, sous le rapport de la force probante, une autorité supérieure à celle des *instrumenta privata*.

1° L'écrit privé ne fait foi qu'autant qu'il est reconnu pour vrai par celui auquel on l'oppose. Les *scripturæ forenses* font foi malgré les dénégations de l'adversaire, tant qu'on n'a pas prouvé leur fausseté.

2° L'écrit privé doit être signé de la main de celui qui s'engage s'il n'est pas tout entier écrit de sa main ; la signature des parties n'est pas exigée dans les *scripturæ forenses*.

3° Le créancier muni d'un *instrumentum publice confectum* passe sur le gage ou le bien hypothéqué, avant le porteur d'un acte privé, même quand ce dernier a date antérieure.

4° Enfin l'application du S. C. Velleien est plus ou

moins rigoureuse, selon qu'on se trouve en présence d'un acte privé ou d'un écrit *Forensis.*

Le principe du sénatus-consulte est que, lorsqu'une femme intercède pour autrui « *totam obligationem senatus improbat* » suivant les fortes expressions de Julien. Les lois L. 16, § 1, Dig. *ad* S. C. V. L. 23, C. liv. IV, XXIX, apportent un tempérament à cette règle, et déclarent que la femme ne pourra plus recourir à ce bénéfice, si elle a touché le prix de son intercession. Mais Justinien fait la distinction suivante : Si l'acte lui-même mentionne qu'elle a reçu quelque chose, et si cet acte « *est publice confectum et a tribus testibus consignatum,* » la femme ne peut plus combattre cette énonciation, et elle s'est fermée tout retour au bénéfice du S. C. Velleien. « *Sed si quidem in ipso instrumento intercessionis dixerit se aliquid accepisse, et sic ad intercessionem venisse, et hoc instrumentum publice confectum invocatur et a tribus testibus consignatum, omnimodo esse credendum eam pecuniam vel res recepisse, et non esse ei ad senatus consulti velleiani consilium regressum.* »

Si au contraire il n'y a pas eu écrit, ou du moins pas écrit « *publice confectum* » alors en principe, elle reste protégée par le S. C. Velleien, et c'est dans ce cas au stipulant à prouver qu'elle a véritablement reçu « *si possit stipulator ostendere.* »

Remarquons que les *scripturæ Forenses* ne font pas plus que les actes privés foi de l'aveu qu'ils renferment, lorsque l'obligation ayant été contractée en vue d'une numération d'espèces qui n'a pas eu lieu, le débiteur peut invoquer l'exception « *non numeratæ pecuniæ.* » C'est la décision qui résulte de la loi 3 au Code « *de dote cauta non numerata.* »

Il peut arriver que deux écrits, dont l'un est un écrit *Forensis*, et l'autre privé se trouvent opposés l'un à l'autre ; si c'est la même personne qui les produit tous deux, on applique la règle « *favorabiliores rei quam actores habentur* » dans le cas contraire, c'est l'acte *Forensis* qui obtiendra la préférence (L. 2, C. *qui pot. in pign.*).

La loi 14, C. *De fide instrum.* résout la difficulté suivante. La même partie produit des titres différents, quelle valeur auront-ils s'ils dérogent les uns aux autres. Ils n'auront aucune force, dit la même loi, et on aura égard ni aux uns ni aux autres « *scripturæ diversæ fidem sibi invices derogantes, ab una eademque parte probatæ nihil firmitatis habere poterunt.* » La loi 14 est aussi applicable au cas où les clauses d'un même acte sont contraires entre elles ; l'écrit ne perd pas son autorité ; les clauses contraires sont seules dénuées de tout effet. Mais elle n'est pas applicable en matière de testament ; le dernier en date est toujours regardé comme valable. Lorsqu'il y a deux testaments différents et portant la même date, on valide celui qui contient le legs le plus faible. (L. 47, D. *De Legatis* II XXXI).

CHAPITRE III

DES ACTES PUBLICS

Nous divisons les actes publics en deux classes.

1° Ceux rédigés par des personnes ayant un caractère public.

2° Ceux qui rédigés par des particuliers ou des *tabelliones*, sont ensuite déposés dans les archives publiques.

Mais cette distinction est purement théorique et sans intérêt pratique, car les actes compris dans ces deux catégories jouissaient tous d'une égale autorité.

§ I. — *Actes rédigés par l'autorité publique.*

Les plus anciens de ces écrits sont probablement les registres du cens ; ils contenaient le nom de chaque citoyen, l'indication de son âge, de sa fortune, de son domicile, des personnes de sa famille. Leur force probante était très-énergique, et elle ne pouvait être combattue par la preuve testimoniale. (Liv. *Dig. De prob.* XXII 3.) Plus tard lorsque les lois caducaires eurent attaché des privilèges importants au mariage et à la paternité, on eut intérêt à en assurer la constatation, et certains auteurs latins, Juvenal entre autres, parle de mariage constaté « *apud acta* » c'est-à-dire dans des dépôts d'actes dont nous aurons à parler ultérieurement[1].

C'est à Marc Aurèle qu'appartient l'initiative d'une organisation régulière des actes de l'état civil. Tout citoyen devait déclarer la naissance de ses enfants dans les trente jours devant le « *præfectus ærarii* » à Rome et dans les provinces, devant les *Tabularii publici* spécialement institués à cet effet. La réforme de Marc Aurèle se distingue surtout de l'innovation de Servius Tullius par son but. Ce n'est pas un but politique que poursuit Marc Aurèle : il veut simplement ménager des moyens de preuve pour établir la filiation, au cas où elle serait contestée. C'est ce que nous apprend en termes très-explicites Julius Capitolinus « *ut si quando de statu quæstio esset unde probationes peterentur quis a quo editus esset.* »

[1] Sat. IX V. 84 et 136.

Justinien a créé dans sa Novelle LXXIV, Ch. IV, §103, une nouvelle catégorie d'actes publics « *les instrumenta dotalia* » dont la rédaction est imposée aux personnes d'un sang élevé qui contractent mariage. Les époux d'une condition moyenne se rendaient devant le *defensor ecclesiæ* qui, sur leur déclaration et en présence de 3 ou 4 témoins, dressait un acte de mariage qui était déposé dans les archives de l'Église.

Dans cette première catégorie d'actes, nous rangerons encore les livres civiques tenus par le prêteur « *professiones apud prætorem* » et généralement tous les actes émanés de l'autorité publique.

§ II.

Les cités des plus importantes de l'empire possédaient des archives qu'Ulpien désigne sous le nom de « *grammatophylacium.* » A Rome, le gardien des archives était un *magister census* (L. 30, C. *De donat.* VIII, 54), dans les provinces, c'étaient des magistrats municipaux (L. 2, C. *De magist. municip.* 1, 56), et les *defensores civitatum.*

L'usage des archives datait des premiers empereurs ; une fois introduit, il s'était répandu dans les principales villes de l'empire. Justinien le généralisa en ordonnant au préfet du prétoire d'établir des archives dans toutes les villes où il n'en existait pas[1].

Les archives recevaient deux catégories d'actes : les actes présentant un caractère public ou intéressant les affaires de l'état, et les actes déposés par les parties, soit de leur plein gré, soit en exécution d'une prescription légale : c'est ce qu'on appelle « *insinuari ou insinuare apud acta.* »

Comment se faisait l'insinuation ? Elle se faisait en présence de trois « *principales ou curiales*, » non compris le magistrat et « *l'exceptor publicus* » qui inscrivait l'acte et dressait procès-verbal du dépôt.

L'insinuation était en droit Romain toute différente de l'insinuation de notre ancien droit français, et de notre transcription actuelle des actes translatifs de notre propriété immobilière. Outre qu'elle n'avait aucun caractère fiscal, l'insinuation à Rome ne concernait pas seulement une classe déterminée d'actes, mais s'étendait suivant la volonté des parties à tous les actes. De plus, c'était l'original lui-même qui était déposé dans les archives publiques, et non une simple copie ou un extrait. Enfin le dépôt devait en être fait par les parties elles-mêmes comparaissant en personne, tandis qu'aujourd'hui toute personne peut indifféremment présenter au préposé la copie à transcrire sans justifier d'aucun mandat.

[1] Nov. 15, Ch. V, § 2.

Quel est l'effet de l'insinuation ?

Nous avons vu qu'il y avait certains actes pour la validité desquels elle était exigée. C'est ainsi que Constance Chlore assujettit à cette formalité les donations supérieures à 500 solides : plus tard ce taux fut abaissé à 200 solides. § 2, Inst. *De donat.* 11, 7.

Quant aux actes pour lesquels elle n'est pas obligatoire, l'insinuation présente une utilité de fait et une utilité de droit : une utilité de fait en ce sens que l'acte déposé dans les archives publiques était plus sûrement à l'abri des destructions intéressées ; et ce n'est pas sans raison que Toullier[1] a pu comparer les actes ainsi déposés à nos minutes ; une utilité de droit, car l'acte insinué acquérait une force probante très-énergique, c'est ce que nous dit la loi 6 Code *de re judicata* VII, 57. « *Gesta quæ sunt translata in publica monumenta, perpetuam volumus habere firmitatem.* »

Les actes publics font foi par eux-mêmes de tout leur contenu, peu importe qu'ils soient l'œuvre de simples particuliers qui les font insinuer ou qu'ils émanent des représentants de l'autorité. Aussi n'est-il pas nécessaire de les vérifier ; et la preuve qui en résulte ne peut être combattue par la preuve testimoniale.

« *Census et monumenta publica potiora testibus esse senatus censuit.* » (L. 10, *D. de probat.*)

[1] Toullier Dr. civil T. VIII n° 199.

Le fondement de l'autorité des actes publics à Rome est le même que celui sur lequel repose la confiance accordée dans notre législation aux actes authentiques : le témoignage de celui qui a mission de les recevoir, c'est ce que disent les textes « *quod ex publicis archivis profertur, publicum habet testimonium*[1] » or l'attestation de *l'actuarius* était comme celle du notaire aujourd'hui, un *publicum testimonium*.

CHAPITRE IV

SECTION I

De la Vérification par comparaison d'écritures.

Nous allons examiner successivement en quoi consiste ce moyen de preuve. Les formes auxquelles il est assujetti, les cas où il est applicable.

La preuve par comparaison d'écritures consiste dans l'apport d'écrits qui émanent incontestablement de la main de celui à qui on attribue l'écriture, et de la comparaison de ces pièces avec celle qui est déniée. Il est incontestable que l'erreur peut facilement se glisser dans ce genre de preuve. Les experts peuvent se

[1] Nov. XLIX. Ch. 2 § 2.

tromper et être trompés, soit par la ressemblance de deux écritures, soit par les formes différentes de l'écriture de la même personne. Dans la préface de la Novelle 73 qui est comme un exposé de motifs, Justinien raconte l'aventure d'un particulier qui avait produit en justice un écrit constatant un contrat d'échange. La comparaison des écritures fut ordonnée, les experts entendus, ils trouvèrent une dissemblance dans les écritures et jugèrent la pièce fausse. Cependant plus tard cette pièce fut reconnue, par tous les témoins qui l'avaient signée. »

Les erreurs auxquelles est exposé ce genre de preuve, les inconvénients qu'il présente forcèrent le législateur romain d'en restreindre l'usage et d'en régler l'application. Prohibé par certains empereurs qui voyaient là un encouragement donné aux faussaires, « qui du moment qu'ils avaient ou que l'on faisait consister la foi d'une pièce dans la ressemblance des écritures, ne s'étaient plus exercés qu'à contrefaire toute espèce d'écritures. » Nov. 73 elle fut autorisée par Justinien qui soumit son emploi à certaines conditions dont les unes concernèrent l'écrit dont il s'agissait de vérifier l'origine, les autres, les *instrumenta* qui pouvaient servir de pièces de comparaison, d'autres enfin, les obligations imposées au demandeur à la vérification.

§ I. — *Des écrits susceptibles d'être vérifiés en justice.*

La Novelle 73, Ch. II décide qu'une pièce ne pourra être soumise à cette épreuve de la vérification d'écritures, si elle n'est, elle aussi, signée de trois témoins dignes de foi, ou du moins si elle n'a été rédigée en leur présence.

Pour remédier à un abus qui donnait lieu à un nombre infini de faux, Justinien (L. 20, C. *de fide instr.*) ne permit d'admettre comme pièces de comparaison que les *instrumenta publica*, *forensia*, ou les *chirographa privata* revêtus de la signature de trois témoins, qui tous, ou au moins deux d'entre eux, certifieraient que l'écrit avait été signé par celui auquel on l'attribuait et qui, en outre, reconnaîtraient leur propre signature. Dans la Novelle 49, Justinien admit cependant deux exceptions au principe.

1° Il permit d'abord de prendre comme pièce de comparaison un écrit prlvé non revêtu de la signature de trois témoins, lorsqu'il était produit par l'adversaire. Voici l'espèce prèvue dans le texte. Primus me réclame cent sous d'or, prix d'une vente qu'il m'a faite, et produit l'acte de vente qui porte sa signature en même temps que la mienne. De mon côté, je l'actione en paiement d'une pareille somme que je prétends lui nvoir prêtée ; à l'appui de ma demande, je présente un billet signé de sa main, et il dénie sa signature. Quoique l'acte de vente invoqué contre moi ne soit pas signé de trois témoins, je puis néanmoins m'en servir comme pièce de comparaison pour la vérification de la signature apposée au bas du billet constatant ce *mutuum*. Cela s'explique, car cette production par mon adversaire d'un titre sur lequel il fonde sa prétention donne à ce titre toutes les apparences d'un acte sérieux, et renferme un aveu de sa part qui n'est pas suspect.

La seconde exception est relative aux écrits déposés dans les archives publiques qui furent tous admis par Justinien comme pièces de comparaison : ce qui prouve bien que le dépôt dans les archives donnait réellement l'authenticité aux actes, et par suite que l'on considérait comme *acta publica* en dehors des actes conservés dans les archives et qui constataient les décisions de l'autorité publique, ceux qui relataient les conventions des particuliers.

§ II. — *Des Formes de la vérification.*

Le demandeur en vérification devait, avant qu'on procédât à l'examen des pièces, prêter un double serment. Dans le premier il jurait : *Quod neque lucri gratia, neque gratia tentatus, hujus modo faciebat comparationem.* (L. 20. C. *de Fide instr.*) Dans le second il affirmait qu'il n'avait recours à la vérification que parce que tout autre moyen de preuve lui faisait défaut, et que l'écrit qu'il produisait n'avait subi aucune altération[1].

C'est là tout ce que nous savons sur la procédure à suivre pour la vérification d'écritures. Il est certain que les Romains attachaient peu de foi à ce genre de preuve : le plus grand effet qu'elle pouvait produire, comme le fait très-justement remarquer Cujas[2], c'est qu'elle passait pour demi-preuve, et qu'elle obligeait le juge à déférer le serment à la partie qui soutenait la sincérité de l'écrit.

Il y a un témoignage curieux du peu de confiance des Romains dans la comparaison des écritures ; c'est la décision de Justinien[3], où l'empereur décide que le juge pourra ajouter foi à un titre que les experts auraient déclaré ne pas mériter créance, si postérieurement à l'expertise, la sincérité du titre se trouve reconnue et affirmée par le témoignage de ceux qui ont signé l'acte.

[1] Nov. 73. Ch. VII, § 3.
[2] Cujas ad nov. 49 et 73.
[3] Nov. 73. Ch. III.

DEUXIÈME SECTION

De la production et de la perte des titres.

§ I. — *De la production des titres.*

Celui qui invoque contre son adversaire un fait contraire à l'état normal et habituel des choses ou à une situation acquise doit le prouver. C'est ainsi que le créancier doit établir l'existence de la dette dont il réclame le paiement ; c'est ainsi que le *dominus* qui revendique l'immeuble contre un possesseur, doit établir son droit de propriété. Le fait normal c'est l'inpendance des hommes vis-à-vis les uns des autres ; le fait habituel, c'est la propriété entre les mains de celui qui possède. Le créancier et le propriétaire qui revendiquent, alléguant quelque chose de nouveau, ou contraire à une situation acquise, doivent donc justifier du bien fondé de leurs prétentions. En un mot, c'est à celui qui prétend exercer un droit d'en fournir la preuve : « *Actori incumbit onus probandi* » disent les textes. Mais il faut bien préciser le sens de cette règle. Elle ne signifie pas, en effet, que le défendeur n'aura jamais rien à prouver, mais seulement que ce n'est point à lui proposer le premier ses preuves. C'est au demandeur à établir l'objet de son action, à prouver son droit. S'il ne fait cette preuve, il perdra son procès, sans que son adversaire en ait aucune à fournir. « *Actore non probante, reus absolvitur.* » Mais dans le cas contraire, s'il fait la preuve qu'il lui incombe, le défendeur, à son tour devra prouver les allégations au moyen desquelles il veut repousser les prétentions du demandeur, car le droit Romain a posé cette seconde règle qui complète la première « *Reus in exceptione fit actor.* » Le demandeur peut produire ses titres jusqu'à la *litis contestatio :* quant au défendeur, il présente les siens suivant les besoins de sa cause.

Si celui qui prétend exercer un droit, et qui doit en fournir la preuve, a entre les mains le titre qui le constate, rien de plus simple. Il n'aura qu'à le produire ; mais il peut se faire qu'il ne possède plus le titre qui aura passé, soit entre des mains étrangères, soit entre celles de l'adversaire. N'y aura-t-il alors, pour celui à qui il profite, aucun moyen d'en faire usage pour appuyer ses prétentions.

Si le titre est aux mains de l'adversaire, la solution est contenue dans ce principe : « *Memo cogitur edere contra se* » qui n'est posé, par les empereurs Maximien et Dioclétien [1], que pour le témoignage oral, mais qui doit être étendu au témoignage écrit.

Si le principe est certain, il n'est cependant pas absolu, et comporte les exceptions suivantes.

[1] L. 7 C. de Testibus.

1° Les titres de conventions qui emportent des obligations réciproques, comme la vente ou le louage, doivent toujours été présentés par celle des deux parties qui en est le détenteur. Il en est de même pour les livres des marchands qui constatent « *l'acceptum et le debitum* ».

2° Il est permis au contribuable actionné par le fisc d'exiger la représentation des registres fiscaux lorsque la perte de ses quittances le met dans l'impossibilité de prouver sa libération. (L. 4, C. *de Fide Instr.*)

3° Enfin à titre de faveur tout à fait exceptionnelle le juge peut forcer le défendeur à exhiber ses livres au cas où il s'agit de la restitution d'un dépôt confié. (L. 1, C. *de edendo*).

Si le titre est aux mains de tiers étrangers au procès, ces tiers dont le témoignage est invoqué, ne peuvent le refuser ; ils doivent venir déposer oralement devant le juge quand ils en sont requis, et communiquer les documents dont ils sont les détenteurs et qui peuvent éclairer le débat ; mais cette règle doit être combinée avec celle que nous avons exposée plus haut « *Nemo contra se edere cogitur.* » De là la conséquence que le tiers peut ne pas faire la communication s'il doit en résulter pour lui quelque préjudice, à la condition de jurer que son refus est bien fondé sur ce motif. (L. 22, C. *de fide instrum*). Il en serait de même s'il invoquait la possibilité d'un préjudice au détriment d'un patron ou d'un parent.

Si le tiers avait perdu la pièce en litige, il devait tout simplement affirmer par serment « *se instrumentum quod desideratur non habere*. De même, si on lui demande de produire une seconde fois le titre déjà produit. La formule du serment est la suivante ; *se charlam perdidisse, vel alio quem non habere facultatem exhibendi.* »

Nous avons déjà parlé des règles spéciales qui concernaient les banquiers « *argentarii* ». Ils étaient tenus de communiquer leurs livres, soit qu'il fussent demandeurs ou défendeurs dans l'instance, soit même qu'ils ne fussent pas personnellement en cause (Gaius L. 10; D. *de edendo*). Cette exigence qui leur était toute spéciale s'explique par le caractère en quelque sorte public de leurs fonctions. Les personnes qui étaient en relations d'affaires avec le banquier avaient dans son *codex*, un compte ouvert sur une page divisée en deux colonnes, le débit et le crédit ; elles recevaient à certaines époques la balance de leur compte. Le compte ainsi tenu était comme une pièce appartenant à la personne ; aussi lorsque le procès éclatait entre elle et un tiers, pouvait-elle exiger, en ce qui la concernait, et dans cette limite, la présentation du livre de caisse du banquier. C'est ce qui ordonnait l'édit du prêteur. *Argentariæ mensæ exercitores rationem, quæ ad se pertinet, edant adjecto die, et consule* ». (L. 4 pr. *De Edendo* liv. 2, tit. XIII). Pour prévenir seulement les vexations inutiles ou les demandes indiscrètes, la loi exige que le requérant jure qu'il n'agit point par esprit de chicane, et qu'il prête le serment « *de calumnia* ».

La communication des registres ou la copie des comptes ne pouvait être exigée qu'au siége même de la banque, de l'*argentariæ* (L. 4, § 5. D. *de edendo*). Cette dérogation à la règle générale qui voulait que les titres fussent produits devant le juge était justifiée par la difficulté de déplacer les livres des banquiers. Quant à la copie ou à la présentation des registres, elle n'était permise que dans la mesure des intérêts, et la limite des besoins de celui qui la demandait.

Le client avait-il une action contre l'*argentarius* qui refusait de présenter ses registres.

La loi 10, § 3, *de edendo*, lui accorde une action *in factum*, afin de faire condamner le banquier au paiement d'une indemnité égale au tort causé « *quanti agentis intersit editas sibi rationes esse.* » La durée de l'action était d'un an. Elle ne pouvait être exercée que contre le banquier : mais elle pouvait être donnée contre les héritiers, lorsqu'ils étaient personnellement obligés de produire les registres ; ce qui arrivait, lorsqu'ils étaient en leur possession. Elle était toujours accordée à l'héritier du client.

§ II. — *De la perte des titres.*

Nous avons plus d'une fois remarqué qu'à Rome, la rédaction d'un écrit n'était pas exigée pour la validité des conventions, et que l'écrit dressé servait seulement à faciliter la preuve ; aussi la perte de cet écrit ne pouvait-elle avoir aucune influence sur le droit qu'il contestait. La disparition du titre ne pouvait préjudicier au créancier qu'autant qu'il n'avait pas à sa disposition d'autres moyens de preuve. C'est ainsi que le contribuable qui a perdu l'acquit de ses contributions, n'était pas exposé à payer une seconde fois, car les registres de l'agent du fisc lui servaient à prouver le payement qu'il avait effectué.

Dans la loi 10, C. *de fide Instr.*, le principe et sa raison sont très-bien établis : « *Cum instrumentis etiam non interveneniibus venditio facta rata maneat: consequentur amissis etiam quæ intercesserant, non tolli substantiam veritatis placuit.* »

Dans les cas où la loi exigeait formellement la rédaction d'un écrit, pour suppléer à la perte du titre, il fallait, avant de prouver la convention elle-même, prouver la perte de l'acte qui la constatait; mais cette preuve suffisait.

CHAPITRE V

DE L'AUTORITÉ RESPECTIVE DE LA PREUVE LITTÉRALE ET DE LA PREUVE TESTIMONIALE

Il nous reste maintenant à comparer la valeur respective de la preuve littérale et de la preuve testimoniale. Cette comparaison soulève l'examen et l'analyse de plusieurs questions très-distinctes : et il est essentiel de les bien séparer, pour rendre facile et claire, la solution d'un problème qui a depuis longtemps préoccupé les interprètes et entraîné en sens différent leur opinion.

Il faut détacher tout d'abord une question et la bien mettre en lumière.

La preuve testimoniale, *prise isolément*, a-t-elle autant de valeur que la preuve littérale. Pèse-t-elle d'un poids égal dans la balance du juge?

Il nous semble que l'affirmative s'impose. Nous savons, en effet, par les principes généraux qui dominent la procédure romaine, et par un texte que nous avons déjà eu l'occasion de citer (L. 3, § 2. *D. Testibus*, D. XXII, 5), qu'en matière de preuves, le juge a le plus large pouvoir d'appréciation. L'égalité des deux preuves, de la preuve littérale et de la preuve testimoniale ressort, à notre avis, avec la dernière évidence d'une phrase d'une constitution de Constantin (L. 15. *De fid. Instr*. IV, 21).

« *In exercendis litibus eamdem vim obtinent tam fides instrumentorum quam depositiones Testium.* » Nous aurons plus tard à revenir sur cette phrase, pour en bien préciser le sens ; et nous arriverons à cette conclusion qu'elle résiste à toutes les conséquences que l'on prétend en tirer, parce qu'elle vise, non pas l'hypothèse d'un concours et d'un conflit, entre la preuve testimoniale et la preuve littérale ; mais l'hypothèse que nous envisageons à ce moment, où des deux preuves, une seule est admissible par suite du défaut et de l'absence de la preuve littérale. Enfin, Justinien nous donne une nouvelle preuve de la vérité de cette opinion dans la Novelle (LXXIII, chap. 8), car il décide que l'on peut faire la preuve d'un contrat quelconque aussi bien par témoins que par écrit.

Le principe cependant n'est pas absolu, et il y a certaines questions pour la solution desquelles la loi exige des modes de preuves déterminés, et où la preuve testimoniale déclarée insuffisante par la loi elle-même, ne peut être admise par le juge. Nous citerons comme exemple les questions d'etat: les textes indiquent ici l'exclusion de la preuve testimoniale : « *Soli Testes ad ingenuitatis probationem non sufficiunt.* » Enfin le principe que la partie qui doit faire la preuve, peut la faire aussi bien par témoins que par écrit, reçoit de nouvelles dérogations, toutes les fois que le législateur a exigé la rédaction d'un écrit.

Nous arrivons à la seconde question.

Le demandeur produit à l'appui de sa prétention, un écrit réunissant, toutes les conditions nécessaires pour faire preuve; le défendeur sera-t-il admis à recourir à la preuve testimoniale pour détruire l'autorité de cet écrit ? Sera-t-il admis à prouver par témoins contre le contenu de l'acte et à établir que cet écrit rapporte inexactement la convention qui est intervenue? En un mot, la preuve littérale étant en conflit et en opposition avec la preuve testimoniale, laquelle des deux preuves aura le plus d'autorité aux yeux du juge? Dans le droit moderne, la question n'est pas douteuse; la preuve littérale prime la preuve testimoniale; mais les commentateurs du droit romain sont très-divisés; on ne compte pas moins de quatre systèmes sur cette délicate question. En voici l'énoncé, nous les développerons dans l'ordre même où nous les énonçons.

1° La preuve testimoniale a plus de force que la preuve littérale (Treutler et Schulting).

2° La preuve littérale a plus de force que la preuve testimoniale (Pothier et Domat).

3° La preuve littérale et la preuve testimoniale ont un poids égal ; elles se contrebalancent en se faisant équilibre, et le juge peut adopter l'espèce de preuves qui lui inspire le plus de confiance (Struvius, Voët et Cujas).

Un quatrième système enfin, exposé par M. Derome, dans la *Revue de législation* (1849), se fonde sur l'historique de la preuve littérale, pour donner, à la question qui nous occupe, une solution différente, suivant les époques de la civilisation romaine.

Le premier système qui peut ainsi se formuler : « Les témoins l'emportent sur les écrits, même sur les écrits publics » se fonde d'une part sur la Novelle 73 ch. III et sur un rescrit d'Adrien cité par la loi 3, § 3 D. *de testibus*.

Le passage de la Novelle 73 est le suivant : « *Nos quidem, ea qui viva voce et cum jurejurando dicuntur, fide digniora esse existimamus, quam ipsam per se scripturam.* »

Ce passage de la Novelle 73 n'a pas l'autorité, et ne mérite pas le crédit que lui prêtent les partisans du système que nous exposons. Il est en effet détaché d'un texte où il est question de comparaison d'écritures. Justinien exprime simplement cette idée qu'il a plus de confiance dans le témoignage de ceux qui ont assisté à la rédaction de l'écrit que dans la comparaison des écritures. On peut d'autant moins fonder sur ce texte l'autorité supérieure et exclusive de la preuve testimoniale, qu'un jurisconsulte qui, lui, donnait la supériorité à la preuve littérale sur la preuve testimoniale, Harmenopule, a inséré dans son « *promptuarium* » ce passage ; ce qu'il n'eût point fait s'il l'eût considéré comme contraire au principe que lui-même a posé « *testimonium non scriptum adversus instrumenti fidem vim habere non potest.* »

L'argument tiré du rescrit d'Adrien ne peut pas porter davantage. Le texte cité est ainsi conçu « *Divus Adrianus rescripsit se testibus non testimoniis crediturum.* » On traduit « *testimoniis* » par preuves écrites, et on décide aussitôt que ce texte consacre la supériorité de la preuve testimoniale.

Mais ce texte, lorsqu'il n'est pas séparé de la loi à laquelle il appartient, lorsqu'il est lu dans le rescrit tout entier, a une toute autre signification que celle qu'on lui attribue. Le rescrit, en effet, n'a nullement trait à la preuve testimoniale. Il ne s'occupe que des témoins et des moyens à employer pour recueillir leurs dépositions, et Adrien décide que, dans les causes criminelles, le juge devra lui-même entendre les témoins, et ne pas se contenter de la lecture des dépositions écrites. Voilà le sens exact de la phrase que j'ai rapportée plus haut, et la portée du texte ainsi limitée et circonscrite, l'argument qu'on veut en tirer tombe de lui-même.

A défaut de textes précis insérés au Digeste ou au Code, on est allé demander aux auteurs latins et à Cicéron en particulier, un secours et un appui qui, partout ailleurs, faisaient défaut. Le texte de Cicéron est emprunté à son plaidoyer *pro Archia poeta* (cap. IV) « *Est ridiculum, quum habeas amplissimi viri religionem, tabulas, quas idem dicis solere corrumpi, desiderare.* »

Ce texte est tout à fait en dehors du débat, car dans l'espèce, les *tabulæ* auxquelles Cicéron fait allusion étaient les registres publics d'Héraclée qui avaient été détruits « *Hic tu tabulas Heracliensium publicas desideras?... Quas italico bello incenso tabulario interiisse simul omnes scimus.* » Cicéron n'entend pas nier l'autorité due aux écrits : il ne s'agit pas, en effet, pour lui de prouver contre le contenu de ces *tabulæ*, mais de suppléer à leur absence. La preuve littérale faisant ici défaut, il ne peut pas être question de conflit entre elle et la preuve testimoniale, et l'unique portée du texte est la suivante : Lorsqu'un écrit destiné à relater un fait juridique est perdu, on peut y suppléer par d'autres moyens de preuve : et c'est là un principe qui est posé à maintes reprises dans les textes (L. 2, 6 et 10 *de fide instr.* IV, 21).

Le second système qui a pour lui l'autorité de Domat[1] et de Pothier[2] donne la préférence à la preuve littérale. C'est le système rationnel et juste entre tous, celui qui a été adopté et consacré par notre législation moderne ; mais il est impossible de trouver un texte qui établisse que ce système ait été celui de la législation romaine.

Le seul texte que l'on ait invoqué est le suivant « *contra scriptum testimonium non scriptum testimonium non fertur.* » (L. I, Code des *testibus*). Ce texte a d'abord contre lui son état civil ; il est loin, en effet, de présenter toutes les garanties nécessaires d'authenticité ; restitué par Cujas il apparaît pour la première fois dans l'édition de Godefroy comme extrait des Basiliques, ensuite la version grecque se prête à différents sens qui tendent à lui enlever celui que présente la traduction latine.

Schulting l'interprète ainsi : « Les témoins signataires d'un acte ne sont pas admis à prouver contre son contenu. » D'autres prétendent que le texte

[1] Domat. Lois civiles T. IV, Tit. VI, Sect. II.

[2] Pothier. Pand. Just. lib. n° 4 et 7 XXII Tit. III. De prob. sect. I. art. 1 et 3.

veut simplement dire qu'une déposition verbale n'est pas admise contre une déposition écrite ; en d'autres termes, qu'un témoin ne mérite pas créance quand il dément et qu'il contredit de vive voix la déposition écrite par lui ou sous sa dictée. Ce serait une application du principe posé dans la loi 2 Dig. *de testibus* « *testes, qui adversus fidem suam testationis vacillant, audiendi non sunt.* »

Le troisième système soutenu par Zœsius, Voët et Cujas a pour base la loi 15 au Code. *De fide instrumentorum* dont nous avons plus haut annoncé la discussion. « *In exercendis litibus eamdem vim obtinent tam fides instrumentorum quam depositiones testium.* »

Les partisans de ce système le formulent ainsi : « S'il y a opposition entre les écrits et les témoins, le juge pourra donner la préférence aux uns ou aux autres, selon que les écrits méritent plus de confiance que les témoins, ou que les témoins lui paraissent plus irréprochables que les écrits.

Les auteurs ne tiennent tout naturellement aucun compte de la loi 1re au Code « *de testibus* » mais unis quand il s'agit de proclamer le principe, ils se divisent lorsqu'il faut l'appliquer à des espèces particulières.

C'est ainsi que Struvius, proclamant le principe de l'égalité de la preuve littérale et de la preuve testimoniale, compromet le principe en établissant une distinction tout à fait arbitraire entre les causes publiques et les causes privées ; dans les causes publiques, pour le paiement du cens par exemple, les titres écrits l'emporteraient sur les simples témoignages.

Selon Cujas, la preuve testimoniale, excellente lorsqu'il s'agit d'une question de fait, est insuffisante pour établir les droits, les qualités, l'état des personnes ; et il refuse dans ce dernier cas à la preuve testimoniale la préférence qu'il lui avait accordée dans le premier.

Doneau pour résoudre la question fait une distinction d'une autre nature, il distingue entre les *Instrumenta publica* d'une part, et les *Instrumenta publice confecta*, et les *instrumenta privata* d'autre part. D'après lui, les écrits publics l'emportaient soit sur les écrits privés, soit sur les dépositions faites par des témoins et il se fonde sur la loi 10 D. de *probationibus* « *Census et monumenta publica monumenta potiora testibus esse senatus censuit* » Quant aux écrits privés ou *Forenses* leur autorité est seulement égale à celle de la preuve testimoniale et ils sont soumis à la règle de la loi 15 au Code « *De fide instrumentorum* » que nous avons citée plus haut, et qu'il faut maintenant discuter.

Nous n'hésitons pas à croire que cette loi doit être écartée de la discussion ; car elle n'a pas la signification qu'on lui prête. Il y a entre notre hypothèse et l'hypothèse de la loi 15 au Code, cette différence capitale que nous supposons un conflit, une lutte entre la preuve testimoniale et la preuve littérale, et que la loi suppose que les deux preuves étant également admissibles et recevables, l'une des deux preuves, la preuve testimoniale ou la preuve littérale, fait défaut. Cette interprétation de la loi 15 nous paraît incontestable : il est bien évident, en effet, que pour que la loi puisse dire que les écrits et les témoins auront la même force, il faut que ces deux genres de preuve soient également admissibles. Or, il y a certains cas où la preuve littérale est seule admissible, d'autres cas où la preuve testimoniale par suite de la disparution de l'écrit sera en fait seule possible. La loi n'a pas entendu dire d'une façon *générale* que dans toute question les témoins vaudraient les écrits, et que l'autorité de la preuve testimoniale contrebalancerait toujours l'autorité de la preuve littérale. La loi a un sens beaucoup plus précis et limité à certains cas ; elle veut dire que lorsque la preuve littérale sera devenue impossible, dans les hypothèses où la rédaction d'un écrit n'est pas essentielle, la preuve testimoniale pourra être admise, et que le fait prouvé par les témoins sera considéré comme aussi sûr et aussi constant que s'il était prouvé par un écrit. Nous arrivons maintenant au 4me système que nous adoptons, car il nous paraît fondé sur des considérations historiques fort justes.

Dans l'introduction que nous avons consacrée aux développements de la preuve littérale à Rome, nous avons eu l'occasion de constater que l'écriture était peu répandue dans les premiers temps de la République, et que même à la fin de l'empire, elle était ignorée d'une grande partie de la population. La preuve littérale a suivi un développement parallèle à celui de l'écriture. A l'époque où l'emploi de l'écriture était peu connu, les Romains ne se servaient que de la preuve testimoniale: lorsque l'usage de l'écriture fut plus répandu, le recours à la preuve littérale fut moins rare et même plus fréquent. Les deux genres de preuves entrèrent ainsi en concurrence, et la preuve littérale inférieure d'abord à la preuve testimoniale devint bientôt son égale. On peut presque préciser la date de l'époque où les deux preuves jouissent d'une égale autorité, où elles se font en quelque sorte équilibre. Cette égalité est sinon antérieure, au moins contemporaine de la Constitution de Constantin promulguée en 317, et qui contient la loi 15 Code *de fide instrumentorum*, où nous pouvons trouver la formule de cette égalité. « *In litibus exercendis eamdem vim.*

Dès lors la preuve littérale fait de rapides progrès et s'élève bientôt au-dessus de la preuve testimoniale.

C'est ce que prouve la loi 10 au Digeste. *De probat.* « *Census et monumenta publica potiora esse testibus senatus censuit*, et nous voyons le Jurisconsulte Paul dans ses sentences [1] étendre le principe ainsi posé par Marcellus pour les actes publics à tous les écrits dont la sincérité n'est pas mise en doute, « *Testes, cum de fide tabularum nihil dicitur, adversus scripturam interrogari non possunt* ».

En 223 un rescrit d'Adrien exigea l'emploi de la preuve littérale dans une question d'état.

Trois siècles après Paul, une constitution de Justin qui forme la loi 13 Code « *De non numerata pecunia* » n'autorise pas la preuve par témoins contre la preuve résultant d'écrits constatant des dettes d'argent, quelle qu'en soit l'origine « *Generaliter pro quibuscumque pecuniis et antecedente causa descendentibus.*

Il est vrai qu'en 531 Justinien paraît s'écarter du principe admis par Justin : c'est ainsi qu'il autorise la preuve par témoins contre les écrits qui ont pour objet un contrat et particulièrement un prêt à intérêts. (L. 14. Code de contrats et *committendo stipulalioni*). « *Liquidis ac manifestis probationibus, et melius quidem si per scripturam, vel saltem per testes idoneos et omne exceptione majores.* ».

Mais il convient de remarquer qu'il s'agit d'un écrit

[1] V 15 § 4.

constatant un contrat pour la formation duquel la présence des parties est indispensable, qu'il y a doute sur la présence des parties, présence mentionnée dans l'acte ; et tout en permettant la preuve par témoins. Justinien ne cache pas ses préférences pour la preuve littérale « *melius per scripturam* » et plus loin il déclare que les témoins les plus irréprochables ne valent pas les preuves par écrit qui restent « *Testibus potiora* ». Il est donc permis de dire qu'il y a ici une dérogation au droit commun, que l'admission de la preuve testimoniale est un fait tout à fait exceptionnel, et que le principe qu'on ne peut combattre par la preuve testimoniale le contenu de l'acte subsiste toujours. Justinien d'ailleurs, dans une constitution antérieure, en avait fait une application particulièrement frappante, en décidant que le débiteur ne pourrait faire par témoins la preuve du paiement total ou partiel d'une obligation constatée par écrit, que s'il produisait cinq témoins d'une probité irréprochable qui déclareraient sous la foi du serment que le paiement a eu lieu en leur présence (L. 18, Code *de Testibus.*)

Il nous semble donc qu'il est permis de conclure que dans le dernier état du droit romain sous Justinien il n'est pas possible de prouver par témoins contre le contenu des actes : c'est la solution admise par notre législation dans l'art. 1341.

Avec ces données il est facile de trouver la solution de la question proposée: quelle est la force de la preuve testimoniale à l'encontre des écrits.

S'agit-il d'attaquer la sincérité d'un écrit, son origine, on peut indifféremment recourir à la preuve littérale ou à la preuve testimoniale. S'agit-il de contredire la teneur de l'acte, de soutenir que la manière dont il relate les faits est contraire à la vérité, la preuve testimoniale ne sera pas admise ou ne le sera qu'accessoirement à la preuve littérale, par suite de la règle générale posée par Paul (*Testes cum de fide instrumentorum nihil dicitur adversus scripturam interrogari non possunt).* (Paul. *sentence* V, 15, § IV).

Si maintenant nous nous plaçons au point de vue plus général, de l'admissibilité respective des deux preuves, nous devons encore reconnaître une certaine supériorité à la preuve littérale. En effet, si certaines lois les placent et les admettent sur le même rang (loi 15, C. *de fide instrumentorum*) d'après d'autres, la preuve testimoniale n'occupe qu'un rang inférieur (L. 14, *de contrahenda et committ. stip*. L. 18 C. *de testibus*). Il est des cas où on ne l'admet qu'à défaut de preuve écrite. Il en est d'autres où elle est repoussée; c'est ainsi qu'elle n'est admise ni contre le contenu de l'écrit ni dans une question d'ingénuité (L. 2, Code *de Testibus*). Nous pouvons dire, au contraire, qu'aucune loi ne repousse la preuve écrite ; qu'aucune ne la déclare inférieure à la preuve testimoniale, et qu'elle est admise toutes les fois qu'elle est possible.

INTRODUCTION

L'acte sous seing privé est un écrit rédigé sans l'intervention d'un officier public, sous la seule signature des parties.

Le Code Civil, dans le chapitre qu'il consacre aux actes sous seing privé, examine successivement la forme des actes sous seing privé, la foi due au contenu de ces actes et à leur date entre les parties et à l'égard des tiers : il énumère ensuite certaines conditions spéciales que doivent remplir les actes sous seing privé suivant qu'ils renferment des obligations synallagmatiques ou des obligations unilatérales.

Nous nous proposons d'examiner spécialement dans cette étude la foi due à la date dans les actes sous seing privé.

La date présente une égale importance dans tous les actes écrits, quelles que soient les formes qui les entourent, mais elle ne donne naissance à de graves difficultés que dans les actes sous seing privé. L'acte authentique fait en effet foi de sa date erga omnes *et jusqu'à l'inscription de faux. Il n'y a pas de doutes possibles sur ce point : la certitude résulte de l'art. Ier de la loi sur le Notariat qui dispose que les notaires sont établis pour assurer la date des actes qu'ils reçoivent, et pour tous les actes authentiques elle résulte de l'art.* 1328, *C. C., qui reconnaît une date certaine aux actes sous seing privé dont la substance est constatée dans un acte authentique.*

Avant d'aborder l'étude des difficultés que fait naître la date dans les actes sous seing privé, nous allons exposer brièvement dans un premier chapitre les principes qui déterminent la force probante de ces actes; ces principes rappelés, nous examinerons ensuite dans un second chapitre, quelles sont les personnes à l'égard de qui l'acte sous seing privé fait foi de sa date; dans un troisième, les personnes à l'égard desquelles l'acte sous seing privé ne fait pas foi de sa date; dans un quatrième, nous établirons quels sont les événements qui donnent une date certaine à l'acte sous seing privé; dans un cinquième enfin, nous nous demanderons si l'art. 1328 *est applicable à tous les écrits sous seing privé.*

CHAPITRE PREMIER

DE LA FORCE PROBANTE DES ACTES SOUS SEING PRIVÉ

Aux termes de l'art. 1322, « L'acte sous-seing privé reconnu par celui auquel on l'oppose ou légalement tenu pour reconnu a la même foi que l'acte authentique. »

A la différence de l'acte authentique, l'acte sous seing privé ne fait donc pas foi par lui-même ; il n'a de force probante que s'il est reconnu ou légalement tenu pour tel en vertu d'un jugement de vérification. La raison de cette différence est des plus simples. L'acte authentique porte la signature connue, ou certifiée par une légalisation d'un notaire ou d'un autre officier public ; toutes les probabilités sont que l'acte signé d'un officier public a été réellement dressé par lui. Il n'en est pas de même de l'acte sous seing privé, qui porte des signatures inconnues dont rien ne garantit la sincérité. Il ne peut faire foi par lui-même, tant qu'il n'est pas certain que les signatures qui s'y trouvent émanent réellement des personnes qu'elles désignent. Pour obtenir cette certitude, il y a un moyen, la reconnaissance volontaire, et en cas de contestation sur la sincérité de la signature, la reconnaissance judiciaire. Les art. 1323 et 1324 du Code Civil, font une distinction très-rationnelle. L'acte est-il opposé à la partie dont il porte en apparence la signature? Elle est tenue de la reconnaître ou de la désavouer formellement. L'acte est-il au contraire opposé aux héritiers ou aux ayants cause du prétendu signataire, ou à des tiers. Le désaveu n'est pas nécessaire, la simple méconnaissance suffit; les héritiers, les ayants cause, les tiers peuvent se borner à déclarer qu'ils ne connaissent pas cette signature ou cette écriture. Il est aisé de se rendre compte de cette distinction. Celui dont l'acte porte la signature doit savoir si cette signature est la sienne. Il faut donc qu'il l'avoue ou qu'il la désavoue. On comprend au contraire que ses héritiers, et à plus forte raison ses ayants cause, puissent très-bien ne pas connaître la signature de leur auteur, il était donc juste de se contenter de leur déclaration qu'ils ne la connaissaient pas.

En cas de désaveu formel ou de simple méconnaissance de l'écriture ou de la signature d'un acte sous seing privé, les juges doivent en ordonner d'office la vérification, puisque c'est la sincérité reconnue de l'écriture ou de la signature qui seule peut faire la face probante de l'acte sous seing privé. Mais ne peuvent-ils ordonner la vérification de l'écriture ou de la signature, que suivant les formes déterminées à cet effet par le Code de Procédure civile (art. 193 et suiv.)? Et s'ils trouvent dans la cause des éléments suffisants pour décider, d'ores et déjà, la contestation, peuvent-ils, sans ordonner d'autre mesure d'instruction, soit admettre l'acte comme sincère, soit le rejeter comme faux?

La raison de douter est dans les termes impératifs de l'art. 324, qui semblent exclusifs d'un pouvoir d'appréciation discrétionnaire.

Nous croyons qu'un tel système ne serait pas fondé. L'art. 323 fournit un argument puissant contre lui, en décidant que les juges ne seront point astreints à suivre l'avis des experts, si leur conviction s'y oppose.

« Concevrait-on, dit avec raison M. Demolombe[1], que les juges, lorsque leur conviction est déjà formée, fussent tenus d'ordonner une expertise, dont ils seraient dès à présent décidés à ne pas tenir compte. C'est qu'en effet le juge est lui-même, de droit, le premier expert, l'expert supérieur à tous les autres. »

Nous adoptons donc l'opinion du savant profes-

[1] Demol. t. XXIX, n° 372. Aubry et Rau, § 756, Cass. 3 juillet 1850, 50, 1, 705.

seur, consacrée d'ailleurs par de nombreux arrêts[1].

Il n'entre pas dans notre plan d'exposer les formes de la demande en reconnaissance ou de la vérification d'écriture d'un acte sous seing privé, car c'est dans le Code de Procédure que le législateur les a tracées (art. 193 et suiv.)

Supposons donc que l'écriture et la signature de l'acte sous seing privé soient tenues pour reconnues, et demandons-nous quelle en est la force probante? Aux termes de l'art. 1322, l'acte sous seing privé a entre ceux qui l'ont souscrit et leurs héritiers et ayants cause, la même foi que l'acte authentique.

L'assimilation établie par la loi entre l'acte authentique et l'acte sous seing privé, est-elle juridiquement exacte?

En analysant les éléments dont se compose un acte authentique, on aperçoit aisément que sa force probante s'attache à trois ordres distincts de faits.

L'acte authentique fait foi de son authenticité, c'est-à-dire de l'accomplissement des formalités qui lui donnent le caractère d'un acte authentique : il fait foi de l'existence matérielle des faits que l'officier public indique comme s'étant passés devant lui, il fait foi enfin

[1] Cass. 3 juil. 1850, S. 1850, 1, 705. — Laurent, tome XXIX, p. 289.

de la véracité des déclarations émanées des parties, des conventions intervenues entre elles, etc.

Voilà les trois ordres de faits bien distincts auxquels s'étend la force probante des actes authentiques : examinons maintenant si cette force probante s'étend avec la même intensité à ces trois ordres de faits, ou si au contraire elle n'est pas susceptible de degré.

L'acte authentique fait foi de son authenticité, comme de l'existence matérielle des faits que l'officier public relate, jusqu'à inscription de faux. La tradition constante est en faveur de la première affirmation : « *probatio probata*, *non probanda* » disait Dumoulin en parlant des actes authentiques, et il est très-facile de justifier la seconde en rappelant que l'officier public relate des faits qu'il a perçus, « *propriis sensibus* » et que dans ces conditions son témoignage mérite aux yeux de la loi toute confiance.

Mais la force probante de l'acte authentique n'a plus la même énergie, lorsqu'il s'agit de la véracité des déclarations émanées des parties, de la sincérité des actes (tels que paiement etc.) qu'elles ont accomplis en présence de l'officier public. L'acte authentique cesse de faire foi jusqu'à inscription de faux, et c'est rationnel ; car le motif de la pleine foi, accordée à l'acte authentique, n'existe plus. L'officier public peut bien attester ce qu'il a vu et entendu, mais la pensée intime et vraie des parties lui échappe : il ignore dans la plupart des cas si leur volonté est réelle, si leur déclaration est sincère ; obligé de se confier au témoignage des parties, son témoignage personnel perd par là même sa certitude et son autorité.

Il était nécessaire de rappeler ces principes pour examiner si l'on peut assimiler sous le rapport de la force probante l'acte sous seing privé et l'acte authentique, et pour préciser dans quelle mesure et jusqu'à quel point l'assimilation est permise.

Au point de vue de la pure raison, il n'est pas possible d'assimiler complétement la force probante de l'acte sous seing privé reconnu à celle de l'acte authentique. L'acte sous seing privé ne présente pas en effet les mêmes garanties de sincérité que l'acte authentique. Le témoignage de l'officier public n'existe pas. La reconnaissance ou la vérification d'écriture elle-même n'est qu'une garantie très-incomplète ; elle a pour but et pour effet unique d'établir que l'écriture est bien de la main des personnes auxquelles elle est attribuée, mais il est impossible d'en tirer aucun élément de certitude en ce qui concerne la vérité des faits relatés dans l'acte. L'acte mentionne qu'un paiement a été fait ; dans l'acte authentique ce fait est prouvé jusqu'à inscription de faux, il ne saurait en être de même dans l'acte sous seing privé où tout repose sur le témoignage exclusif des parties. Une seule chose est prouvée avec la même énergie dans l'acte sous seing privé et l'acte authentique, c'est l'existence même de la déclaration; mais quant au fait du paiement l'énergie de la preuve est toute différente.

Lorsque l'acte sous seing privé contient l'indication d'un paiement reçu, cette indication ne peut avoir plus de valeur que les simples déclarations émanées des parties; elle rentre dans la catégorie des déclarations que nous avons placées en troisième ligne dans les actes authentiques, et leur force probante ayant le même fondement, le témoignage et le témoignage exclusif des parties, doit être identique.

Mais il s'agit de préciser cette force probante. Dans quelle mesure les actes sous seing privé font-ils foi de leur contenu. S'agit-il d'une « pleine foi » d'une foi jusqu'à inscription de faux. Évidemment non. Nous avons vu qu'une autorité aussi grande n'aurait pas sa raison d'être; mais si on ne doit pas accorder à des actes sous seing privé une trop grande autorité, encore faut-il que ces écrits fassent foi dans une certaine mesure des conventions qui y sont relatées; autrement l'exigence du législateur, qui dans certains cas prescrit la rédaction d'écrits, deviendrait incompréhensible. Il faut seulement déterminer le degré et la valeur de la force probante de ces actes quant à leur contenu. L'art. 1341 résout la question que nous avons posée ; cet article ne permet pas de prouver par témoins contre le contenu des actes. Or, si on ne peut pas prouver par témoins contre le contenu des actes « *a contrario* » on peut prouver contre ce contenu par les autres moyens de preuve. De là ce principe. Les actes sous seing privé ne font foi de leur contenu que jusqu'à preuve contraire.

Quelle sera la nature de cette preuve contraire ? Ce pourra être un autre écrit, l'aveu, le serment et enfin la preuve testimoniale elle-même et les présomptions de l'homme, dans les cas exceptionnels des art. 1347-1348 C. Civil.

En résumé, l'acte sous seing privé reconnu ou tenu pour reconnu, fait foi jusqu'à inscription de faux de l'origine de son écriture seulement, de son « matériel » pour parler le langage de Dumoulin ; mais il ne fait foi que jusqu'à preuve contraire de son contenu, des conventions qu'il renferme.

L'acte sous seing privé fait foi entre les parties et les ayants cause (art. 1322). Cet article est la reproduction de l'art. 1319 qui contient une véritable erreur législative. Le législateur a en effet confondu la force probante de l'acte avec l'effet obligatoire de la convention. Si la convention ne peut nuire aux tiers, l'acte qui la constate n'en prouve pas moins l'existence à l'égard de ces mêmes tiers. « *Acta rei taliter gestæ fidem faciunt inter quos cumque*, dit Dumoulin dont le tribun Jaubert répète les paroles. Une confusion semblable ne s'est-elle pas glissée dans l'art. 1322, et est-ce seulement entre les parties et leur ayant cause que l'acte sous seing privé fait foi, ou doit-on y ajouter les tiers. La raison de douter, très-bien mise en lumière par M. Laurent[1] est que l'acte sous seing privé ne fait pas foi par lui-même ; il ne fait foi que lorsqu'il a été reconnu par celui auquel on l'oppose, ou qu'il est également tenu pour reconnu. Or, dit-on, qu'est-ce que la reconnaissance ? Un aveu qui ne peut avoir d'effet qu'entre les parties qui interviennent dans le fait juridique, et non à l'égard des tiers. Le signataire qui a reconnu est bien lié par sa reconnaissance ; mais le tiers, aucunement. On objecte enfin que, si malgré le silence de la loi, on reconnaît aux actes authentiques la même foi à l'égard des tiers qu'à l'égard des parties, cela tient à ce qu'ils sont l'œuvre d'officiers publics, qui, ayant mission d'imprimer l'authenticité aux actes qu'ils reçoivent « leur donnent cette force probante à l'égard de la société toute entière[2] » ce qui supprime toute différence entre les tiers et les parties.

[1] T. XIX, p. 301.
[2] Laurent.

Or, ce motif fait défaut quand il s'agit d'un acte sous seing privé.

Telle n'est pas cependant l'opinion généralement admise par la doctrine et la jurisprudence et à laquelle nous nous rallions, car elle a pour elle l'autorité de la tradition considérable en cette matière. C'est ainsi que Pothier enseigne en se servant de l'expression de Dumoulin que l'acte prouve « *rem ipsam* » contre les tiers, c'est-à-dire que la convention est réellement intervenue. Est-ce que le Code a entendu déroger à la tradition ? Rien ne le montre, et dans les travaux préparatoires on ne trouve aucun indice d'un changement que le législateur aurait voulu apporter. D'ailleurs l'art. 1328 fournit un argument puissant en faveur de notre solution. Cet article refuse à l'acte sous seing privé le pouvoir de faire foi de sa date vis-à-vis des tiers, c'est donc qu'en principe il fait foi à leur égard sous d'autres rapports.

Nous venons de parler de la date de l'acte sous seing privé ; elle y joue un si grand rôle et elle est l'origine et la cause de tant de difficultés juridiques, qu'elle mérite d'attirer toute notre attention et désormais elle va fixer exclusivement notre étude.

Nous avons eu déjà à remarquer que l'assimilation complète de la date authentique, et de l'acte sous seing privé au point de vue de la force probante n'était pas exacte ; nous allons, à propos de la date, trouver une nouvelle différence.

L'acte authentique fait foi de sa date jusqu'à inscription de faux. L'acte sous-seing privé n'en fait foi que jusqu'à preuve contraire. La raison de cette différence a déjà été signalée. L'officier public est tenu de dater ses actes, et la loi lui donne mission d'imprimer pleine foi à la mention de la date. Rien de semblable pour les actes sous seing privé, où la loi n'impose pas l'obligation de dater aux parties contractantes, et comme conséquence, refuse d'accorder la pleine foi à la mention de la date. Qu'est-ce donc que la date dans les actes sous seing privé ? Une simple déclaration que font les parties d'avoir dressé l'écrit au jour indiqué, et qui doit avoir la même foi que ces déclarations émanées des parties dont nous parlions tout à l'heure. L'acte prouvera donc jusqu'à inscription de faux que les parties contractantes ont mis telle date sur l'écrit, car dire qu'elles n'ont pas mis la date apposée, c'est soutenir que l'acte a été falsifié au moins quant à la date. Mais l'acte ne fera foi que jusqu'à preuve contraire de la vérité de la date. Nous appliquons donc ici la théorie que nous avons exposée plus haut.

Demandons-nous maintenant à l'égard de qui la date fera foi jusqu'à preuve contraire ? Fera-t-elle foi *erga omnes* comme dans les actes authentiques. Non, c'est la décision même de l'art. 1328. « *Les actes sous seing* « *privé n'ont de date contre les tiers que du jour où ils* « *ont été enregistrés,* » *etc.*, disposition qui a cette double signification : 1° que l'acte ne fait pas foi de sa date contre les tiers ; 2° qu'il en fait foi à l'égard de toutes personnes autres que les tiers, c'est-à-dire aux termes de l'art. 1322, les parties contractantes, les héritiers et ayants cause[1].

Etudions successivement ces différentes catégories de personnes.

CHAPITRE II

DES PERSONNES A L'ÉGARD DESQUELLES L'ACTE SOUS SEING PRIVÉ FAIT FOI DE SA DATE

SECTION PREMIÈRE

1° Parties contractantes.

L'acte sous seing privé fait foi de sa date à l'égard des parties. Si tous les auteurs sont d'accord sur la

[1] Demolombe, t. XXIX, nos 507 et 508.

vérité de ce principe, des dissentiments nombreux et graves existent sur son point de départ. Les uns, en effet, le font découler de l'art. 1322 ; les autres soutiennent que cet article est étranger à la question de date, et que c'est par un argument tiré *a contrario* de l'art. 1328 que l'on peut affirmer que l'acte sous seing privé fait foi de sa date, jusqu'à preuve contraire à l'égard des parties. Evidemment, dit-on, les parties contractantes ne sont pas des tiers ; l'étymologie du mot (*Tertius*, un troisième,) le sens usuel qu'on y attache, montrent bien qu'il ne comprend pas les parties. S'il les comprenait, il n'y aurait plus que des tiers. Tout le monde serait en effet compris dans cette vaste catégorie.

Nous sommes bien loin de contredire ce raisonnement ; et nous nous en saisissons au contraire, nous qui considérons l'art. 1322 et non l'art. 1328 comme le point de départ de notre doctrine pour combattre et renverser la doctrine adverse. Ce que nous reprochons à ceux qui tiennent pour l'art. 1328, c'est précisément de considérer le souscripteur de l'acte comme tiers par rapport à lui-même, ce qui est manifestement abuser du sens des mots, car on peut être tiers par rapport à d'autres personnes, mais jamais par rapport à soi-même. En demandant pour la partie contractante l'application de l'art. 1328, on demande une protection qui n'est pas faite pour elle, mais exclusivement pour les tiers. L'art. 1328, en effet, n'a pas eu pour but de protéger les parties elles-mêmes contre le danger des antidates dans les actes sous seing privé qu'elles souscrivent; il n'a eu pour but que de préserver les personnes autres que les souscripteurs contre les fraudes d'autrui[1].

Il importe de bien préciser l'intérêt qui peut exister à dire que l'acte fait foi de sa date à l'égard des parties. Il semble en effet au premier abord qu'il importe peu que l'acte ait été rédigé à telle ou telle époque; son auteur n'en étant pas moins lié par la convention qu'il renferme.

Pour faire apparaître l'intérêt, il faut supposer ou bien que la partie a perdu la capacité dont elle jouissait lors de la convention, ou bien que l'acte n'a pas pu être fait à tous les moments de la vie du souscripteur. L'époque de sa confection est alors une condition de la validité de l'acte. Prenons un exemple. Un majeur à une date postérieure à celle que porte l'acte a été interdit pour cause de démence, pourra-t-il répondre, le jour où l'on exigera de lui l'exécution de la convention signée « la date est fausse, l'acte a été antidaté, la vérité est que je l'ai passé en temps d'incapacité. » A notre avis il ne le

[1] Demolombe, n° 508, XXIV.

pourra pas, car l'acte fait foi de sa date à son égard[1].

Etudions maintenant les diverses applications du principe que nous avons posé.

Aux termes de l'art. 472 : « Tout traité qui pourra intervenir entre le tuteur et le mineur devenu majeur, sera nul, s'il n'a été précédé d'un compte détaillé et de la remise des pièces justificatives, le tout constaté par un récépissé de l'ayant-compte, dix jours au moins avant le traité. »

Supposons qu'un traité sur le compte de tutelle soit intervenu entre *Primus* devenu majeur, et *Secundus* son tuteur.

Un récépissé sous seing privé, portant la date du 1er avril 1883 signé de *Primus*, constate qu'il a été précédé de dix jours au moins, d'un compte détaillé et de la remise des pièces justificatives et le traité porte la date du 9 avril ; mais le récépissé n'a pas une date certaine, suivant les conditions déterminées par l'art. 1328. Il fera néanmoins foi de sa date contre *Primus*, à moins que ce dernier ne prouve qu'il ait été frauduleusement antidaté pour soustraire cette reddition de compte à l'application de l'art. 472.

Nous appliquerons également l'art. 1322 au cas où un individu prétendrait qu'une constitution de rente

[1] Nous réservons ici, comme dans tous les développements qui vont suivre, le cas de fraude.

viagère a été faite sur la tête d'une personne qui n'existait plus, et que l'acte a été antidaté pour en voiler la nullité. Il ne pourrait faire prononcer la nullité du contrat qu'en fournissant la preuve de l'antidate.

Mais c'est surtout en matière d'interdiction que notre principe a soulevé de vives objections.

Pour l'interdit légal ou judiciaire, pour le prodigue on peut redouter des fraudes à l'incapacité pratiquées au moyen d'antidates ; déciderons-nous également que l'acte sous seing privé fera foi de sa date à leur égard?

Pendant longtemps un parti considérable dans la doctrine et la jurisprudence[1], tint pour la négative.

Il s'appuyait sur l'art. 502 du Code Civil aux termes de cet article. « *L'interdiction ou la nomination d'un* « *conseil judiciaire aura son effet du jour du jugement.* « *Tous actes passés postérieurement par l'interdit ou* « *sans l'assistance du conseil seront nuls de droit.* »

Or, l'acte sous seing privé qui porte la date du 1er janvier peut n'avoir été nullement souscrit que le 1er mars postérieurement au jugement d'interdiction, et si en pareil cas on n'applique pas l'art. 502, combiné avec l'art. 1328, il est facile d'éluder les incapacités prononcées par la loi. L'individu interdit à partir du 1er février n'aura qu'à dater du 1er janvier un acte réellement passé le 1er mars pour le soustraire à

[1] Paris 26 juin 1838. S. 38. 2-417.

la nullité édictée par la loi. L'art. 502 ne consacrerait plus qu'une incapacité illusoire.

Les partisans de cette opinion ont voulu conclure de cet argument que le principe de l'art. 1322, d'après lequel les actes sous seing privé font foi de leur date entre ceux qui les ont souscrits, n'est applicable qu'à ceux des actes, pour lesquels la capacité des parties n'a pas varié, et que les parties auraient pu consentir à quelque époque et dans quelques circonstances que ce fût de leur existence (Paris 10 mai 1810. Sirey, 1814, 2, 266).

Cette doctrine est aujourd'hui presqu'entièrement abandonnée[1].

L'art. 502 ne saurait, en effet, trouver utilement sa place dans la discussion. L'art. 502 n'a trait qu'à la nullité ou à la validité intrinsèque de l'acte passé par l'interdit, et il décide à quel moment précis commence l'incapacité qui le frappe ; mais il n'a nullement pour but de régler une question de preuve.

Quant aux dangers que l'on signale, si graves qu'ils soient, ils le sont moins encore que ceux auxquels expose l'opinion que nous combattons. Si l'on enlève, en effet, rétroactivement la force probante qui leur appartient aux actes sous seing privé souscrits par

[1] Demol. XXIX n° 512. Marinier ch. Ier, n° 5-8. Bonnier n° 696.

une personne ultérieurement frappée d'incapacité, on arrive à cette conséquence qu'il sera impossible de traiter avec une personne, sur quelque affaire que ce fût, même la plus minime, sans faire les frais de l'enregistrement, parce que cette personne, capable aujourd'hui, peut être incapable demain[1].

En ce qui concerne la conclusion que l'on tire de l'argument de l'art. 502, il est facile de l'écarter, en observant que les termes de l'art. 1322 sont généraux; et qu'ils ne distinguent pas si le souscripteur de l'acte sous seing privé a été pendant une certaine période de temps capable, et pendant une autre période incapable.

Si nous avions besoin d'un nouvel argument pour consolider notre doctrine, nous le trouverions dans l'art. 1410. L'art. 1410 vise l'hypothèse suivante : une femme se marie sous le régime de la communauté; les dettes qu'elle a contractées antérieurement au mariage tombent dans la communauté. Mais la loi ne les y fait tomber qu'à une condition; c'est que l'acte qui constate leur antériorité aura acquis date certaine[2]. Alors seulement ces dettes seront exécutoires sur la

[1] M. Bonnier, n° 696.

[2] Il y a lieu de faire une exception pour les dettes inférieures à 150 fr., et comme nous le verrons plus loin, pour les dettes commerciales.

pleine propriété des biens de la communauté. A l'égard de la femme, au contraire, l'antériorité n'a pas besoin d'être établie par un acte ayant date certaine : en l'absence de la date certaine le créancier peut poursuivre la femme sur la nue popriété de ses biens. Son droit est donc intact, et il s'exerce, en respectant pendant le mariage le droit de jouissance de la communauté. L'acte que la femme a signé fait donc bien foi contre elle de sa date.

La décision de l'art. 1410 2me alinéa est d'autant plus remarquable, que dans l'ancien droit notre doctrine avait soulevé de vives controverses[1] : elle avait été combattue par Lebrun qui soutenait que l'acte sous seing privé souscrit par la femme ne devait pas faire foi de sa date même à son égard « quoiqu'il y ait une clause de séparation de biens dans le contrat de mariage, disait-il, pareils billets datés d'avant le mariage, ne sont valables, parce qu'on ne permet pas à une femme séparée de s'obliger sans autorisation, et par conséquent un billet daté d'avant son mariage, pouvant être antidaté, n'a pas d'effet. »

Duparc-Poullain et Pothier combattaient cette théorie, et ce fut leur doctrine qui passa dans le Code Civil. Elle est la consécration la plus formelle de l'opi-

[1] Traité de la Communauté, liv. II, ch. Ier, section V, nos 19 et 20.

nion que nous défendons. La femme a souscrit elle-même cet acte, c'est l'art. 1322 qui lui est applicable. Le mari ne l'a pas souscrit. Il est, quant à cet acte, un tiers ; et c'est l'art. 1328, qui lui est applicable à lui ou à la communauté. Complétons les solutions que nous avons rappelées en disant qu'en cas de fraude il sera toujours possible de prouver l'antidate.

Il est permis de généraliser la décision du législateur ; et de l'incapacité de la femme mariée, de l'étendre à toutes les autres incapacités entre lesquelles il n'y a aucune raison de distinguer.

L'art. 1558 apporte cependant une exception notable au principe de l'art. 1322 : il est, en effet, ainsi conçu :

« L'immeuble dotal peut être encore aliéné ;

« *Pour payer les dettes de la femme ou de ceux qui* « *ont constitué la dot, lorsque ces dettes ont une date* « *certaine antérieure au contrat de mariage.* »

C'est bien là une exception notable au principe que nous avons trouvé dans l'art. 1322 : mais cette exception s'explique par les règles particulières du régime dotal. Si l'on admettait, en effet, que le créancier pût saisir la nue-propriété de l'immeuble dotal, la femme pourrait toujours, à l'aide d'une antidate, éluder le principe de l'inaliénabilité sous lequel elle s'est placée, et le danger serait d'autant plus grand que la femme serait plus facilement portée à cette aliénation indirecte et éloignée. Telles sont les raisons spéciales qui ont conduit à faire exception au principe des art. 1322 et 1410, en ce qui concerne l'immeuble dotal.

Il y a donc entre la femme mariée sous le régime de la communauté et celle mariée sous le régime dotal (et ce que nous avons dit du régime de la communauté s'appliquerait aussi bien à tout autre régime, à la séparation de biens par exemple) cette différence que pour la femme mariée sous le régime de la communauté l'acte fait foi contre elle de sa date par lui-même, qu'il est valable, puisqu'il a été passé en temps de capacité, et enfin qu'il permet au créancier de saisir la nue-propriété des biens communs, le droit de jouissance du mari devant être respecté; pour la femme, au contraire, mariée sous le régime dotal, l'acte ne fait pas foi de sa date contre elle, et l'immeuble dotal ne peut être aliéné avec permission de justice pour payer les dettes de la femme qu'autant que ces dettes auront une date certaine antérieure au contrat de mariage.

Il est nécessaire d'observer que le créancier conserve toujours le droit de poursuivre son paiement sur les paraphernaux de la femme. « Ce n'est que par rapport à l'immeuble dotal que l'acte est destitué de toute force probante, dit M. Marinier et non point précisément par rapport à la femme elle-même qui est valablement obligée. »

Il faut d'après l'art. 1558 que les dettes aient date certaine antérieure au contrat de mariage pour que l'immeuble dotal puisse être valablement aliéné. Nous pensons qu'il faut se référer au droit commun, c'est-à-dire à l'art. 1328 pour déterminer la manière dont l'acte doit avoir obtenu date certaine. M. Troplong[1] soutient que la certitude de la date pourrait résulter de circonstances autres que celles de l'art. 1328. La femme, dit-il, n'est pas un tiers : elle ne doit pas être juridiquement traitée comme lui. Nous répondrons que l'art. 1558 a précisément pour effet de la traiter comme un tiers. Si on refuse de le reconnaître, il faut laisser la question d'antériorité à l'appréciation des tribunaux. Mais alors à quoi bon dire que la dette devra avoir date certaine. Ces mots « date certaine » ont un sens très-précis, d'autant plus précis que l'amendement du conseil Cambacérès, qui a passé dans la loi, portait » qu'il convenait de réduire l'aliénabilité pour dettes aux seules dettes contractées antérieurement au mariage, et constatées par un acte authentique ; » or, les mots date certaine ont remplacé « l'acte authentique. »

[1] Troplong. Cout. de Mars. t. IV, n° 3467. Grenoble 23 mai 1831, S. 2. 582. Aubry et Rau § 508, § 537, § 756. Aix 27 avril 1865. S. 65. 2. 53.

L'acte doit-il avoir une date certaine antérieure au contrat de mariage ou seulement au mariage?

La cour de Rouen a décidé en 1867 qu'il suffisait que l'acte eût date certaine antérieure au mariage[1]. La grande raison invoquée c'est que l'inaliénabilité ne commence qu'au jour du mariage, et que c'est à partir seulement de sa célébration qu'elle peut être opposée aux créanciers. Ainsi, dit-on, les créanciers dont le titre a acquis date certaine dans l'intervalle entre le contrat de mariage et le mariage se trouvent, au point de vue légal, dans la même situation que ceux dont le titre a acquis date certaine antérieurement au contrat de mariage.

Nous ne croyons pas fondée cette doctrine; elle viole le texte de la loi qui parle d'une façon formelle du contrat de mariage et non-seulement du mariage, et rien n'autorise à croire que le législateur ait entendu se servir d'une expression pour lui donner une autre signification que celle qu'on lui assigne ordinairement.

Il faut avoir soin de remarquer que dans notre opinion on ne peut plus expliquer l'art. 1558, en se bor-

[1] 1867, Rouen, S. 67. 2. 109. Cubain, des Droits des femmes n° 395. — Bufnoir à son cours. Contrà. — Aubry et Rau V, p. 604. § 538. — Marinier., ch. I, n° 21. — Laurent, t. XX. n° 527. — Tessier, quest. sur la dot. I, n° 638. — Troplong, t. IV, n° 3468.— Pau, 18 mai. S. 64. 2. 139.

nant à dire que le législateur a voulu assurer le principe de l'inaliénabilité du fonds dotal contre les fraudes possibles qu'il entrevoyait. L'inaliénabilité ne commence qu'à partir de la célébration du mariage, et nous supposons dans l'espèce que la date certaine est antérieure au mariage. Il faut découvrir un autre motif de la décision du législateur en ce qui concerne les dettes qui ont acquis une date certaine entre le contrat de mariage et le mariage. Le motif nous paraît être le suivant. Le législateur s'est préoccupé de maintenir l'irrévocabilité des conventions matrimoniales, et de protéger le mari contre les dettes que sa femme aurait pu contracter en attendant cette époque intermédiaire, dettes qui auraient diminué les avantages que la dot promettait[1].

DE L'ACTE SOUSCRIT PAR UN MANDATAIRE

Nous avons supposé jusqu'à présent que la partie avait figuré elle-même à la convention, et que l'exécution de l'acte était poursuivie contre elle. Il peut arriver que celui contre lequel l'acte est invoqué y ait été seulement représenté par l'intermédiaire d'un mandataire : examinons les difficultés que peut dans

[1] Rodière et Pont. t. III, n° 1800.

cette hypothèse soulever la preuve de la date dans les actes sous seing privé.

Lorsque le mandataire a agi dans les limites de son mandat, tout le monde est d'accord pour dire que l'acte sous seing privé fait foi de sa date contre le mandant, car suivant les expressions d'un arrêt de la cour de Bordeaux du 22 janvier 1827[1], « le mandataire est l'image du mandant et dans le cercle de ses pouvoirs, il peut faire tout ce que pourrait faire le mandant lui-même. » Comme le dit un auteur, la vie juridique du mandataire se confond avec celle du mandant. Le mandant est donc bien réputé avoir réellement contracté par son intermédiaire.

Nous avons raisonné jusqu'à présent dans l'hypothèse d'un mandataire conventionnel ; mais notre décision s'étendrait également au mandataire légal, tel que le tuteur du mineur ou de l'interdit, le mari administrateur des biens de sa femme, et le mandataire judiciaire tel que l'administrateur provisoire de l'article 497.

Mais il peut arriver que les actes sous seing privé souscrits par un mandataire n'aient acquis date certaine que depuis la révocation du mandat ; font-ils foi de leur date à l'égard du mandant[2] ?

Oui, dirons-nous, car il est impossible de considé-

[1] Sirey, 27-2-65,

[2] Bourges, 17 mai 1842, Journal du Palais, 1843, t. I, p. 242.

rer comme tiers relativement à un acte, celui qui a été représenté dans l'acte même, et le mandant a été représenté par son mandataire.

Mais, objecte-t-on, vous supposez résolu précisément ce qui est en question. Le mandataire ne peut avoir représenté le mandant qu'autant qu'il a agi dans les limites de son mandat : contre le mandant, il faut prouver que l'acte a été passé dans les limites du mandat ; jusque-là il est un tiers, et peut invoquer l'art. 1328.

On peut écarter cette objection spécieuse, en rappelant quel a été le but de l'art. 1328, et quelles sont les personnes qu'il a entendu protéger sous le nom de tiers. Nous aurons bientôt à examiner en détail ce dernier point, et à fixer d'une manière précise le sens du mot tiers en matière de preuve ; qu'il nous suffise ici d'indiquer la conclusion à laquelle nous arriverons, à savoir que par tiers, il faut entendre, non pas les personnes contre lesquelles la convention doit recevoir son exécution directe et première, mais celles contre lesquelles elle pourrait rejaillir à leur préjudice, les personnes en un mot qui, étrangères à l'acte sans date certaine qu'on leur oppose, verraient leurs intérêts lésés par cet acte, indirectement et par contre coup [1].

[1] Demolombe, n° 516, t. XXIX. — Larombière, t. IV. n° 1328. Contra. — Cour de Cass. de Belgique, 14 mai, 1847. — Dalloz, 1848. 2. 170, et Braas. — Théorie légale des actes sous seing privé p. 155.

Ce sont ces personnes que l'art. 1328 doit protéger. Or, le mandant ne rentre pas dans la notion du tiers ainsi précisée. C'est contre le mandant en effet, que l'acte, souscrit par le mandataire, doit recevoir son exécution directe et première.

Une considération puissante d'utilité pratique suffirait à elle seule pour faire exclure l'opinion que nous combattons. Cette opinion créerait en effet aux relations que le contrat de mandat a pour but de favoriser d'insupportables entraves. Se figure-t-on tous les actes souscrits par des mandataires conventionnels, légaux, judiciaires, virtuellement frappés de nullité parce que le mandant traité comme un tiers pourrait écarter les actes dépourvus de date certaine, sans qu'on puisse lui opposer la preuve que les actes ont été passés dans les limites du mandat. Nous verrons, en effet, plus loin qu'aucune preuve ne peut suppléer contre les tiers celle qui résulte de l'art. 1328. La conséquence d'une telle doctrine serait ou d'anéantir dans la plupart des cas les actes passés par les mandataires conventionnels, par les tuteurs, etc., ou bien d'astreindre les parties qui contractent avec eux à l'enregistrement.

Quant à l'objection que l'on fait à notre système, et qui est fondée sur les dangers auxquels nous exposons le mandant, en permettant au mandataire dont les pouvoirs sont expirés d'obliger le mandant à l'aide d'une simple antidate, on peut aisément en diminuer la force si l'on fait observer que le mandant pourra démasquer toutes les fraudes et les rendre inutiles en faisant la preuve de l'antidate ; et comme il a été dans l'impossibilité de s'en procurer une preuve écrite, il pourra recourir à tous les moyens de preuve [1].

SECTION DEUXIÈME

Ayants cause à titre universel.

Par ayant cause, on entend toute personne qui a succédé à un titre quelconque aux droits d'une autre. « La qualité de l'ayant cause se détermine d'après l'étendue du droit cédé, et le rapport sous lequel il a été envisagé relativement à l'ensemble des biens dont il émane [2]. » Les ayants cause sont à *titre universel* ou à *titre particulier*, suivant que leur droit comprend la totalité ou une quote part du patrimoine ou un objet déterminé.

Les ayants cause à titre universel sont les héritiers légitimes, les successeurs irréguliers, les légataires et donataires universels ou à titre universel. L'acte sous seing privé fait foi de sa date à l'égard des successeurs universels et ou à titre universel des parties

[1] Marinier, ch. I, nos 24 à 34. — Demolombe, t. XIX, no 516. — Laurent, t. XXVIII, no 52.

[2] Marinier, ch. I, no 4.

contractantes. C'est la conséquence de ce principe que l'héritier représente son auteur. L'héritier, en sa qualité de continuateur de la personne du *de cujus*, est tenu des obligations de son auteur ; on peut donc lui opposer les mêmes moyens de preuve. Il est d'ailleurs de tradition constante que la date des actes sous seing privé est opposable aux successeurs universels des parties contractantes ; il est certain que l'art. 1328 ne s'est pas écarté de cette tradition. L'héritier, en général, n'a pas grand intérêt à discuter la date des actes qu'on lui oppose du chef du défunt. Pour voir apparaître son intérêt, il faut supposer que le signataire de l'acte n'a pas pu le faire valablement à une époque quelconque de la vie. Si par exemple, le *de cujus* a été frappé d'interdiction judiciaire, ses héritiers peuvent avoir intérêt à prétendre qu'un acte signé de lui et portant une date antérieure à l'interdiction, a été en vérité passé en temps d'incapacité ; admis à en apporter la preuve, ils devront la faire pour échapper aux conséquences de l'acte qui leur est suspect.

Une difficulté s'est élevée sur l'art. 1975 du Code Civil et mérite d'être étudiée. Aux termes de cet article, tout contrat de rente viagère fait sur la tête d'une personne atteinte de la maladie dont elle est morte dans les 20 jours du contrat, est nul :

Or, il peut se présenter l'hypothèse suivante :

Primus constitue à Secundus une rente viagère par acte daté du 1er mai : il fait enregistrer le 11. Secundus meurt de la maladie dont il souffrait au jour du contrat le 25. Ses héritiers pourront-ils invoquer l'art. 1975, en soutenant que l'acte n'a de date que du 11, et qu'en conséquence il est nul ?

La jurisprudence a pendant un certain temps reconnu aux héritiers le droit d'invoquer l'art. 1975[1]. Deux raisons ont été données. Le droit édicté par l'art. 1975, disait-on, n'a pu naître en la personne de leur auteur, puisque ce n'est qu'à sa mort que la nullité du contrat devient certaine : donc les héritiers sont des tiers. On ajoutait ensuite que le but de l'art. 1975 ayant été de garantir les intérêts des héritiers, l'art. 1322 ne peut leur être opposé, lorsqu'ils se présentent pour réclamer l'exécution d'un article de loi destiné à les protéger contre l'abus que leur auteur pourrait faire de son droit de propriété. Les héritiers qui agissent en vertu de l'art. 1975, n'agissent plus comme ayants cause du *de cujus*, mais en leur propre nom ; ils deviennent des tiers qui peuvent se prévaloir de l'art. 1328, et soutenir que l'acte sous seing privé non enregistré constitutif d'une rente viagère n'a pour eux de date certaine que par le décès de celui sur

[1] Cass. 15 juillet 1824. S. 25. 1. 46. Angers 18 février 1837 S. 39. 2. 426.

la tête duquel la rente viagère était constituée[1].

Cette jurisprudence a été vivement critiquée dès son origine et avec raison : on faisait observer en réponse au premier argument que, bien que le droit invoqué par l'héritier ne pût pas prendre naissance dans la personne de son auteur, l'héritier n'en agissait pas moins « *jure hereditario* » : et en ce qui concerne le second argument, on en détruisait toute la force en objectant que la nullité de l'art. 1975 était une nullité absolue, susceptible d'être invoquée aussi bien par le debi-rentier que par les héritiers du credi-rentier ; le caractère absolu de la nullité résultant de l'assimilation établie par la loi entre l'art. 1975 et celui de l'art. 1974. On observait enfin que le credi-rentier pouvait se trouver lui-même dans le cas d'invoquer la nullité de l'art. 1975, lorsque la rente viagère est constituée sur la tête d'un tiers, ce qui établissait bien que l'on n'était pas en présence d'un droit propre aux héritiers.

Cette dernière objection prouve jusqu'à l'évidence que l'art. 1975 a pour but, non de protéger les héritiers comme on le soutient dans le système contraire, mais d'annuler un contrat dont le vice consiste dans l'absence d'*alea*.

[1] Sic Braas op. cit. p. 146. Contra Aubry et Rau § 21 V. § 388, nº 17, Demol. XXIV, nº 511. Cass. 5 février 1842. S. 42. 1. 300.

Aussi ces objections ont-elles lentement mais sûrement miné le système primitif de la jurisprudence qui est aujourd'hui abandonné. La Cour de Cassation dans un arrêt de 1842 a condamné l'interprétation que précédemment elle avait admise.

Nous avons envisagé jusqu'à présent la situation de l'héritier pur et simple ; en ce qui concerne l'héritier bénéficiaire, une distinction est nécessaire. En tant qu'il agit comme héritier, la date de l'acte souscrit par son auteur peut lui être valablement opposée. S'il agit au contraire contre la succession, soit comme créancier, soit en une autre qualité, il peut se prévaloir du défaut de date certaine des actes passés par le *de cujus* : il est, en effet, un tiers, et ses droits doivent être réglés et sauvegardés comme ceux d'un tiers[1]. On ne comprendrait pas d'ailleurs que son acceptation bénéficiaire pût avoir cette conséquence de porter atteinte aux droits qu'il avait antérieurement.

Parmi les droits que possèdent les héritiers, il en est qui découlent de la volonté manifestée du *de cujus ;* il en est d'autres qu'ils détiennent de la loi. La réserve attribuée à certains héritiers est un de ces droits. L'héritier réservataire peut-il être considéré comme tiers, et se prévaloir de la disposition de l'art. 1328?

[1] Braas. op. cit. p. 141. Aubry et Rau VIII, § 756, p. 251, 252. Demol. V n° 187.

Nous le pensons. Le droit de contester la date nous parait être une conséquence nécessaire du droit d'attaquer l'acte qui porte atteinte à la réserve. On objecte que la loi ne dit nulle part que l'acte qui contient la libéralité dépassant la réserve cessera de faire foi envers l'héritier réservataire, qu'elle supprime à son profit la force obligatoire et non la force probante. A notre avis cette dernière distinction est absolument arbitraire ; et nous pensons que si la loi supprime en effet la force obligatoire de l'acte, elle en supprime à plus forte raison la force probante.

On peut se demander dans quel cas il y aura nécessité pour l'héritier réservataire de discuter la date d'un acte : certains auteurs ont même soutenu que cette nécessité ne pouvait jamais apparaître. Il est évident qu'en ce qui concerne les donations translatives de propriété et créatrices d'obligations qui ne peuvent se faire que par acte authentique, les art. 1322 et 1328 ne peuvent recevoir d'application. Quant aux libéralités qui peuvent se faire par acte sous seing privé, telle que les renonciations, on ne conçoit guère l'intérêt que pourrait avoir l'héritier à réserve d'en critiquer la date, assuré qu'il est de les voir destituées de tout effet à son égard, dès qu'elles excéderont les limites de la quotité disponible. Mais on peut supposer que le *de cujus* par une antidate a voulu voiler, sous la forme d'un contrat à titre onéreux, un acte qui n'en réunit point les conditions et n'est au fonds qu'une libéralité déguisée. L'héritier à réserve pourra invoquer l'art. 1328 contre un tel acte, car en tant qu'il défend sa réserve contre les fraudes de son auteur, il est tiers, et en cette qualité il nous semble que l'héritier pourra en démontrant que l'acte, s'il renfermait une libéralité, porterait atteinte à sa réserve, l'écarter comme n'ayant pas date certaine.

L'art. 1595 a fourni matière à une difficulté de la même nature que celle que nous venons d'examiner. La loi a prohibé en principe le contrat de vente entre époux sauf les exceptions indiquées dans l'art. 1595. Cet article donne-t-il aux héritiers réservataires des époux le droit de repousser comme tiers la vente consentie par les futurs conjoints avant le mariage, mais qui n'a acquis date certaine que postérieurement à la célébration du mariage? Pour le décider il faudrait admettre que l'art. 1595 est une mesure spéciale de protection pour les héritiers, or, c'est un point de vue qui serait faux. L'art. 1595 établit, comme l'indique la rubrique sous laquelle il est placé, une incapacité édictée aussi bien dans l'intérêt des incapables que dans l'intérêt de leurs héritiers. La Cour de Cassation a voulu voir dans la disposition fiscale de l'art. 1595 la base d'un droit propre aux héritiers qui devenaient des tiers. « At-

« tendu, disait-elle dans un arrêt de 1837[1], que la dis-« position finale de l'art. 1595, réservant les droits « des héritiers des parties contractantes, dans le cas « où ils attaqueraient comme avantages indirectes les « ventes faites entre époux, place ces mêmes héritiers « dans un cas d'exception à l'art. 1322 et les assimile « dans ce cas unique à des tiers, à l'égard desquels « les actes sous seing privé n'ont de date certaine, aux « termes de l'art. 1328 du Code Civil, que conformé-« ment aux dispositions du même article[2]. »

Nous croyons fort contestable ce droit propre que la Cour de Cassation reconnaît aux héritiers. Les héritiers ne peuvent se prévaloir de la disposition finale de l'art. 1595 que s'ils prétendent que l'acte attaqué renferme un avantage indirect[3]; ils ne peuvent plus s'appuyer sur lui, s'ils invoquent une atteinte portée au principe de la prohibition de la vente entre époux au moyen d'une antidate, car l'art. 1595 *in fine* ne régit pas cette hypothèse, et il nous semble que c'est

[1] Sirey 37, I, 533.

[2] Sic Braas op. cit. p. 146.

[3] Nous pensons avec plusieurs auteurs que le sens de la disposition finale de l'art. 1595 n'est pas que la vente soit nulle en cas d'avantage indirect mais seulement que la libéralité est sujette à réduction ; aussi lorsque l'art. 1595 réserve le droit des héritiers, cela ne doit s'entendre que des héritiers à réserve ; eux seuls, en effet, peuvent demander la réduction des libéralités excédant la quotité disponible.

à tort que la Cour de Cassation a voulu baser sur les derniers mots de l'article un droit propre aux héritiers.

DES PERSONNES A L'ÉGARD DESQUELLES L'ACTE SOUS SEING PRIVÉ NE FAIT PAS FOI DE SA DATE.

CHAPITRE III

DES TIERS

Nous comprenons sous cette dénomination de tiers conformément à l'art. 1328, toutes les personnes à l'égard desquelles l'acte sous seing privé ne fait pas foi de sa date. Nous les diviserons en trois classes qui feront l'objet d'autant de sections : les acquéreurs à titre particulier, les créanciers, les tiers proprement dits.

SECTION PREMIÈRE

Des acquéreurs à titre particulier.

L'acte sous seing privé fait-il foi de sa date contre les ayants cause à titre particulier de ses souscripteurs ?

Cette question simple en apparence a soulevé autrefois des controverses passionnées, auquelles le nom de Toullier est resté attaché. L'opinion qu'il défendait a succombé sous les coups réunis de la doctrine et de la jurisprudence; mais le retentissement de la controverse et l'intérêt considérable du débat, imposent la nécessité de retracer la discussion dans ses grandes lignes et d'en préciser l'origine.

A cette question que nous nous posons : L'acquéreur à titre particulier est-il ayant cause dans le sens de l'art. 1422, ou est-il tiers dans le sens de l'art. 1328[1]. Toullier répondait : Il est ayant cause dans le sens de l'art. 1322, c'est-à-dire l'acte sous seing privé fait foi de sa date à son égard, comme à l'égard des ayants cause à titre universel; et pour rendre plus sensible son raisonnement, Toullier prenait l'exemple suivant : Caius vend, à Primus, le fonds Cornelien le 1er janvier, par acte sous seing privé; le 1er mars de la même année, il vend le même fonds à Secundus par acte authentique, et avant que Primus ait fait enregistrer son contrat. Laquelle des deux ventes doit prévaloir entre ces deux acquéreurs également de bonne foi. La première sans contredit. Vainement, Secundus opposerait, à Primus, l'art. 1328.

[1] Toullier, tome IX, nos 145 à 146, tome X, additions, p. 576 et suiv.

Primus répondrait avec avantage, que les acquéreurs ne sont point des tiers, respectivement au vendeur qui a souscrit les deux actes de vente ; ils sont des ayants cause et il faut leur appliquer l'art. 1322.

La doctrine de Toullier a été dès son origine presque unanimement repoussée. Elle était aussi contraire aux précédents qu'en contradiction avec les textes du Code Civil.

Elle était contraire aux précédents ; et, en effet, si les anciens auteurs ont donné des ayants cause une définition que Toullier invoque sans cesse, il faut observer qu'ils ne donnaient cette définition que lorsqu'il s'agissait de régler les effets de la convention, et nullement en matière de preuve par acte sous seing privé. Dans son traité des obligations sous les n°s 742 et 749, Pothier enseigne un système contraire à celui de Toullier : et c'est en étudiant l'hypothèse sur laquelle Toullier s'appuie pour formuler son raisonnement qu'il émet une solution diamétralement opposée. La remarque a d'autant plus d'intérêt et d'importance que les rédacteurs du Code Civil ont emprunté à l'ouvrage de Pothier la substance des articles 1322 et 1328.

La doctrine de Toullier est enfin en contradiction avec différents textes du Code Civil. Les articles 1410 et 1743 fournissent tous deux un puissant argument contre la théorie de Toullier. Aux termes de l'art.

1410, les créanciers de la femme ne peuvent opposer au mari chef de la communauté la date de billets souscrits antérieurement au mariage. Or, le mari envisagé comme chef de la communauté n'est pas autre chose qu'un ayant cause à titre particulier de la femme. Voilà un exemple d'ayant cause à titre particulier traité comme un tiers au sens de l'art. 1328.

L'art. 1743 n'est pas moins décisif. Il refuse, en principe, la faculté à l'acquéreur d'une chose louée d'expulser le fermier ou le locataire qui a un bail authentique et dont la date est certaine. Il implique donc qu'on ne peut opposer à l'acquéreur, c'est-à-dire à un ayant cause à titre particulier, la date du bail sous seing privé souscrit par son auteur. Toullier a cherché à détruire l'argument que l'on tire de cet article en répondant que le preneur, étant un simple créancier, n'est point un ayant cause. Mais l'argument subsiste, car c'est à l'acquéreur et non pas au locataire qu'il s'agit d'opposer l'acte, et l'acquéreur est bien certainement un ayant cause. Toullier d'ailleurs, dans une dissertation consacrée à la réfutation de la théorie émise et soutenue par Merlin a lui-même reconnu le vice de son explication ; il a déclaré que l'art. 1743 est une exception, et qu'il se retranchait derrière l'aphorisme du chancelier Bacon : « *exceptio firmat regulam in casibus non exceptis.* » Mais il ne suffit pas de dire que l'art. 1743 est une exception et il faut le prouver. Toullier ne l'a pas fait. On ne conçoit pas d'ailleurs la raison d'être de cette exception. L'art. 1743 est une disposition toute de faveur pour le preneur, et il est impossible d'admettre, que le législateur ait voulu, par une dérogation à son préjudice aux règles ordinaires de la preuve, lui imposer la nécessité d'une date certaine dont il aurait été dispensé suivant M. Toullier d'après le principe général de l'art. 1322.

L'un des plus grands inconvénients du système de Toullier est d'enlever à l'art. 1328 à peu près toute application pratique. En effet, si le mot tiers ne comprenait pas les ayants cause à titre particulier, il ne peut plus comprendre que les « *penitus extranei* » c'est-à-dire ceux qui défendent contre l'acte un droit qu'ils détiennent de tout autre que d'une des parties, et il est évident alors, que la distinction entre les ayants cause et les tiers n'a plus de raison d'être. En effet, pour qu'il y ait quelque intérêt à rechercher dans quels cas une personne est soumise à la date d'un acte, il faut nécessairement que cet acte puisse lui être opposé. Or, aux tiers « *penitus extranei* » on ne peut opposer aucun acte, quelle que soit sa date, en vertu du principe. « *Res inter alios acta, aliis neque nocere, neque prodesse potest.* » Qu'importe alors que l'acte fasse foi ou non de sa date à leur égard.

Il y a certainement des cas où un tiers peut se voir opposer un acte auquel il est complétement étranger, et où il peut avoir ainsi intérêt à en discuter la date. Nous les examinerons ultérieurement; mais ces cas très-rares sont insuffisants à rendre compte de l'art. 1328. Toullier le comprit si bien, qu'il dut faire une distinction qui, comme on l'a justement remarqué, n'est que l'abandon partiel de son système. Il admit que le créancier saisissant pouvait être considéré comme un tiers au sens de l'art. 1328, « parce que, disait-il, le saisissant n'est point l'ayant cause du débiteur, il exerce un droit qu'il tient de la loi, et non de son débiteur; c'est contre lui qu'il agit. Au contraire, l'acquéreur n'est que l'ayant cause de son vendeur. »

Cette distinction est purement arbitraire. Le créancier est un ayant cause, tout comme l'acheteur, car il tient son droit de gage non de la loi, mais de son débiteur suivant la vieille maxime : « qui s'oblige oblige le sien. » La loi dans les articles 2093, 2092 ne crée pas son droit ; elle ne fait qu'en constater l'existence et en réglementer l'exercice.

Merlin a donné de l'art. 1322 et du mot ayant cause une interprétation qui doit être rappelée. Selon ce jurisconsulte une distinction est nécessaire, et cette distinction se base sur ce fait : les ayants cause le sont-ils en vertu d'un même acte, ou par actes séparés et opposés ? Dans le premier cas, ils sont ayants cause dans le sens de l'art. 1322. Dans le second cas ce sont des tiers.

Merlin fait l'hypothèse suivante : A vend à B un immeuble par acte sous signature privée. B le 1er juin revend à C l'acte de vente qui fait enregistrer cet immeuble ; puis apparaît un acte non enregistré portant vente du même immeuble au profit de D, daté du 15 mai. D'après Merlin, c'est le titre de C qui doit l'emporter sur le titre de D. En effet, C et D sont ayants cause, dans le sens de l'art. 1322, quand ils invoquent le contrat passé entre A et B, qui est le titre de propriété de leur auteur et sert de base à leurs droits. Mais s'ils invoquent l'un contre l'autre, des titres qui ne peuvent subsister à la fois, ils sont tiers dans le sens de l'art. 1328. Tel est le cas où D oppose à C la vente qui lui a été consentie par acte non enregistré.

On fait remarquer, avec raison, que cette distinction était arbitraire. Cette façon d'interpréter le mot ayant cause présentait le grave inconvénient d'enlever à l'art. 1322, ainsi entendu toute application sur ce point. En effet, si la lutte s'engage entre C et D, les ayants cause de B, la contestation ne pourra pas porter sur le titre de propriété de l'auteur commun, elle se ramènera à la preuve de la date des acquisitions respectives ; l'article 1322 sera sans application. S'il y a lutte entre les ayants causes de B et de A. Merlin reconnaît qu'ils sont tiers et que dès lors l'art. 1328 les régit.

Un assez grand nombre d'auteurs ont mis en avant cette idée, que l'expression ayant cause, dans l'art. 1322, ne comprendrait que les ayants cause à titre particulier.

Mais nous répondrons ici comme pour le système de Merlin, que la distinction que font ces auteurs n'est nulle part écrite dans la loi. Une autre explication a été proposée que nous adoptons. Voilà son point de départ.

L'art. 1328 a pour but de protéger certaines personnes contre le danger des antidates. Quelles sont les personnes menacées ? Ce ne sont pas les tiers « *les penitus extranei* » garantis par la maxime « *res inter alios acta, aliis neque nocet neque prodest.* » L'art. 1328 ne devait pas être fait davantage pour les contractants ni pour leurs héritiers, ni pour leurs successeurs universels ou à titre universel, et cela pour plusieurs raisons. La première c'est que la date leur importe peu, puisque dans tous les cas, ces personnes sont obligées par cet acte ; la seconde, c'est qu'eussent-elles intérêt à faire annuler l'acte pour défaut de date certaine, elles ne pourraient faire valoir cet intérêt, sans se heurter aussitôt à cette maxime : « *quem de evictione tenet actio, eumdem agentem repellit exceptio.* »

Restent les successeurs à titre particulier. C'est eux qu'il fallait protéger ; car ils ne peuvent invoquer la maxime « *res inter alios* » contre les actes à l'aide desquels la personne qui leur a transmis son droit tenterait après coup de le diminuer ou de le détruire au moyen d'une antidate. Si nous les comparons aux successeurs universels, nous découvrons qu'il y a entre eux cette différence, que les successeurs à titre particulier ne sont pas soumis aux obligations de leur auteur, qu'ils n'ont pas à subir la maxime « *quem de evictione tenet actio, eumdem agentem repellit exceptio,* » et nous arrivons à formuler, en ces deux propositions, les conséquences auxquelles nous aboutissons. A la différence de ces « *penitus extranei,* » le successeur à titre particulier est lié par les actes antérieurs à celui dont il est porteur : à la différence des successeurs universels, il a qualité pour repousser les actes d'une date postérieure à celle du contrat. De là une question d'antériorité entre son acte et celui qui est invoqué contre lui. De là également la nécessité de fixer avec certitude la date des différents actes qui peuvent lui être opposés ou être invoqués par lui.

M. Marcadé a exposé en termes précis, par le développement d'un exemple, la doctrine dont nous avons indiqué l'origine et tracé les grandes lignes. « Sans doute, dit-il, l'art. 1322 parle des ayants cause à titre particulier, aussi bien que des autres ; et par conséquent celui qui a acheté la ferme de Pierre par un acte privé, peut invoquer cet acte contre moi, à qui Pierre a également vendu la même ferme. Mais pour que je sois obligé de respecter l'acte de mon adversaire et d'en subir l'exécution, il faut que je sois véritablement, par rapport à cet adversaire, ayant cause de Pierre. Or, quand j'ai acheté la ferme de Pierre, le 1er janvier 1845, je ne suis pas son ayant cause vis-à-vis de toute personne, quelle qu'elle soit, et pour tous les actes qu'il a consentis à une époque quelconque. Je ne le suis que pour les personnes qui avaient traité avec lui avant le 1er janvier 1845, et je ne suis plus qu'un tiers pour tout ce qui suit cette époque. Quand un adversaire se présente avec un acte de vente de 1844, c'est à lui à établir que cet acte est de 1844, et qu'il émane d'une personne dont je suis ayant cause. Tant qu'il ne s'appuiera pas sur une date certaine, il tourne dans un cercle vicieux. » -- L'ayant cause, comme dit M. Demolombe, est donc un personnage à double face. Ayant cause pour le passé, tiers pour l'avenir. Aussi lorsque le législateur a disposé dans l'art. 1322, qu'il ne faut pas considérer-

comme des tiers ceux qui ont souscrit l'acte sous seing privé, ni leurs héritiers et ayants cause (ce qui comprend, en effet, les ayants cause à titre particulier), et lorsqu'il a mis ainsi ces ayants cause en opposition avec les tiers, le législateur a réservé, dans cet article, la question de date. Car c'est de cette question que dépend essentiellement la distinction entre l'ayant cause et le tiers[1].

En résumé, une personne investie d'un droit peut être, par rapport à l'acte qui est invoqué contre ce droit dans l'une des trois situations suivantes.

Ou l'acte ne lui sera jamais opposable quelle que soit sa nature et quelle que soit sa date, c'est la situation du tiers « *penitus extraneus* » qui n'entre pas dans les prévisions de l'art. 1322 et 1328.

Ou l'acte lui sera toujours opposable, à quelque moment qu'il ait été fait ; c'est la situation de l'ayant cause de l'art. 1322.

Ou l'acte lui sera tantôt opposable, tantôt non opposable, selon qu'il aura été souscrit avant ou après la naissance de son droit, c'est la situation du tiers, selon l'acceptation donnée à ce mot, dans l'art. 1328.

Nous dirons que le tiers est l'individu dont le droit peut subir les atteintes d'actes et de faits antérieurement accomplis, mais qui, à partir du moment où le

[1] Demolombe, p. 450, tome 29. Colmet de Santerre V, n° 285 bis.

droit est né en sa personne, n'est plus exposé à le voir détruit, altéré ou amoindri par celui qui le lui a transmis ou qui l'a créé. (C. de Cas. 1859, note de Dalloz 1859, 1 p. 99.

Telle est l'idée que la jurisprudence et beaucoup d'auteurs ont finalement adoptée[1].

Faisons maintenant l'application de notre principe, aux principales questions qui peuvent se présenter pour les ayants cause à titre particulier[2].

1° A) Vente.

Entre deux acheteurs du même immeuble, celui-là sera préféré, contrairement à l'opinion de Toullier, dont le titre aura le premier acquis date certaine.

Tel est le principe : mais dans la pratique, l'application en est singulièrement restreinte.

[1] § 576, Aubry et Rau, t. 8, p.232, Larombière, t. IV, art. 1328 n° 3.

[2] M. Serrigny, (Revue de Dr. français, t. III, p. 532) a proposé le criterium suivant : Celui qui exerce une action oblique est un ayant cause, tel est le créancier qui agit au nom de son débiteur en vertu de l'art. 1166. Celui qui exerce l'action directe est un tiers, tel est, par ex. le créancier qui, en vertu de l'art. 1167, demande l'annulation d'un acte fait en fraude de ses droits. » Ce criterium est loin d'être sûr, car il sera aussi difficile de distinguer l'action oblique de l'action directe que de distinguer l'ayant cause des tiers. Comment donc, en effet, dire de deux acquéreurs successifs du même immeuble, lequel exerce l'action oblique, lequel l'action oblique ! Les deux acquéreurs tirent également leurs droits du vendeur, l'action qui leur appartient est identiquement la même. Voir Braas, op. cit. p. 181 et Dalloz, oblig. n° 3923.

En ce qui concerne les ventes immobilières, aux termes de l'art. 1 et 3 de la loi du 23 mars 1855, les actes translatifs de propriété immobilière pour être opposables aux tiers doivent être transcrits sur les registres du conservateur des hypothèques.

En vertu de cette nouvelle disposition, si le même immeuble a été vendu par son propriétaire, à deux personnes successivement, l'acheteur qui aura le premier transcrit sera préféré à l'autre, son titre n'eût-il acquis date certaine qu'après le titre de ce dernier. C'est seulement dans l'hypothèse où ni l'un ni l'autre des acheteurs n'a transcrit que la question de date présente encore de l'intérêt.

En ce qui concerne les ventes de meubles corporels, la date n'a qu'une importance secondaire. En effet, aux termes de l'art. 1141, « si la chose qu'on s'est « obligé de donner ou de livrer à deux personnes suc- « cessivement est purement mobilière, celle des deux « qui a été mise en possession est préférée et en demeure « propriétaire, encore que son titre soit postérieur en « date, pourvu toutefois que la possession soit de bonne « foi. » C'est seulement dans les deux cas suivants qu'il y aura lieu de s'inquiéter de la date des actes de vente.

1° Lorsque l'acheteur mis en possession avait connaissance de la première vente : sa mauvaise foi l'empêche d'invoquer le bénéfice de l'art. 1141.

2° Lorsque le meuble vendu n'a été livré ni à l'un ni à l'autre des deux acheteurs : le principe de l'art. 2279 ne trouvant plus d'application, c'est l'art. 1328 qui redevient applicable.

Le cessionnaire d'une créance n'aura jamais à recourir à l'art. 1328, lorsque le transport aura lieu par acte authentique. S'il se trouve en concours et en conflit avec un autre cessionnaire, c'est non pas par la date des cessions, mais par la signification du transport ou l'acceptation du débiteur que sera déterminé celui qui devra être préféré des deux cessionnaires, et la signification ou l'acceptation devant se faire par acte authentique, la date sera toujours certaine. Art. 1690[1].

Nous avons jusqu'ici envisagé l'hypothèse d'une

[1] Le transport peut avoir lieu également par acte sous seing privé ; c'est alors par l'antériorité de la date certaine que se dénouerait le conflit entre deux cessionnaires succesifs.

La créance peut être constatée par un titre soit au porteur soit à ordre, comment le cessionnaire sera-t-il saisi à l'égard des tiers? Pour le titre au porteur la propriété en sera transférée par la simple tradition, sans qu'il soit nécessaire de recourir à aucune formalité ; autrement il ne serait pas un titre au porteur ; en cela il doit être assimilé aux meubles corporels dont s'occupent les art. 2279 et 2280 (C. C.). (De Folleville n° 285. Buchères n° 306. Paris 10 mars 1840. S. 42, 2, 81.) Quant au titre à ordre lorsque la transmission en est effectuée par voie d'endossement, dès que l'endossement est régulier, le cessionnaire est de plein droit investi « *erga omnes* » de la propriété du titre, sans avoir besoin de remplir les formalités de l'art. 1690.

vente opérant le transfert complet de la propriété ; mais des solutions analogues devraient être données au cas où il s'agirait de la constitution de droits de nature à démembrer le droit de propriété. C'est ainsi qu'un vendeur ayant constitué sur l'immeuble vendu un droit d'usufruit, l'acheteur pourra invoquer le défaut de date certaine de l'acte antérieur à son acquisition. Depuis la loi de 1855, il faudrait de plus que l'acte constitutif de servitude ait été transcrit pour être opposable à l'acheteur.

Louage. — Nous avons déjà eu l'occasion de parler dans le cours de cette étude de l'art. 1743 qui a imposé à l'acquéreur, ayant cause à titre particulier du bailleur, l'obligation d'exécuter le bail antérieur à son acquisition à la condition que le bail ait une date certaine. La règle de l'art. 1743 est applicable à tout acquéreur ; il n'y a pas à distinguer si l'acquisition a eu lieu à titre onéreux ou à titre gratuit, mais quelque vaste que soit la portée de l'art. 1743, il est néanmoins une exception à y apporter dans un cas particulier. Nous voulons parler de l'expropriation pour cause d'utilité publique.

Le preneur qui aux termes de la loi du 3 mai 1841 art. 39 réclame une indemnité en cas d'expropriation, est-il obligé de produire un bail ayant date certaine?

Cette question a été tranchée à l'origine par deux arrêts de la Cour de Cassation rendus l'un le 2 mars

1843, l'autre le 2 février 1847 qui reconnaissait à l'État le droit de refuser le paiement de toute indemnité, en date certaine. L'État prétendait être un ayant cause à titre particulier et avoir le droit de se placer sous la protection de l'art. 1328 comme un tiers acquéreur (art. 1743). Il invoquait aussi en sa faveur le danger des fraudes autorisées par le système contraire qui permettrait de fonder une demande en indemnité sur un titre dont l'antériorité par rapport à l'expropriation ne serait pas prouvée.

La jurisprudence penche maintenant vers la théorie qu'elle avait d'abord condamnée ; et son évolution est bien justifiée par la différence profonde qui sépare la situation de l'État de celle d'un acquéreur ordinaire [1]. L'État, en effet, a une double face; il est acquéreur et expropriant. Il est investi de la pleine propriété, mais en même temps il dépouille différents intéressés qui avaient des droits sur la chose (*jura in re*) ou qui étaient en rapport avec la chose par suite d'un contrat (*jura ad rem*). Ainsi dépouillement et lésion d'une part, investiture et acquisition d'autre part, « voilà le double côté des choses qu'il faut considérer [2]. » Le dé-

[1] Cour de Cass. arrêt du 17 avril 1861. S. 1861-1 497.

[2] Marinier, n° 69. — Clamageran, Revue pratique, I, p. 80. — Daffry de la Monnoye, t. II, art. 39, n° 44. — De Lalleau, Traité de l'expropriation, t. I, n° 663. De Peyronney et Delamarre n° 525.

pouillement que l'État effectue, la lésion qu'il cause exigent qu'il donne une réparation du préjudice produit et, pour la preuve de ce préjudice, les locataires ne sont pas assujettis par la loi de 1841 à la nécessité d'une date certaine. Cette loi, en effet, proclame le principe de l'indemnité en faveur des locataires sans faire aucune distinction entre les baux enregistrés ou non. Or, il n'est pas permis de distinguer là où la loi ne distingue pas.

Pour voir combien l'assimilation de l'État à un acquéreur est peu fondée, il suffit de comparer un instant la situation juridique de l'un et de l'autre.

L'expropriant puise son titre dans la loi, l'acheteur dans la volonté du vendeur.

L'expropriant reçoit l'immeuble libre et dégrevé de tous les droits réels, l'acquéreur les subit et les respecte.

Dans le cas d'expropriation la transmission de propriété s'opère sans qu'il y ait, comme dans la vente, un prix purement représentatif de la valeur de l'immeuble, et débattu entre les parties; mais moyennant une indemnité arbitrée par le Jury, quand elle ne l'est pas à l'amiable entre l'expropriant et l'exproprié.

Il n'y a donc pas identité entre ces deux situations, et de toutes les différences que nous avons signalées, il faut conclure que les dispositions relatives à la vente ne s'appliquent pas d'elles-mêmes à l'expropriation pour cause d'utilité publique.

Nous déciderons donc que le locataire dont le bail n'a pas date certaine n'est pas déchu du droit de demander une indemnité ; et l'intérêt d'un grand nombre de locataires,dont les baux ne sont pas enregistrés,milite puisamment en faveur de cette solution. Remarquons enfin que la loi considére le louage comme un contrat essentiellement d'équité et de bonne foi, et qu'elle considère qu'on peut aisément s'affranchir de la rigueur des formalités, quand elle pose en principe qu'on peut louer par écrit ou verbalement. La sévérité du système que nous combattons est donc en opposition avec les intentions du législateur.

Nous avons déjà vu que l'art. 1743 imposait à l'ayant cause à titre particulier du bailleur l'obligation d'exécuter le bail antérieur à son acquisition. Si le bail n'a pas date certaine, la faculté d'expulser est conservée à l'acquéreur. Telle est la règle générale ; mais cette règle doit être accompagnée des tempéraments suivants. Aux termes de l'art. 1751 l'acquéreur à pacte de rachat ne peut user de la faculté d'expulser le preneur, tant que, par l'expiration du délai fixé par le réméré, il n'est pas devenu propriétaire incommutable : exception est faite dans le cas seulement où il y a un bail verbal, l'acquéreur à pacte de rachat peut alors donner congé.

Étudions maintenant certaines difficultés spéciales que fait naître la combinaison de la loi du 23 mars 1855 avec l'art. 1743.

« La loi de 1855 a décidé, en ce qui concerne les baux d'une durée excédant 18 années, que pour être opposables aux tiers et spécialement à l'acheteur, ils devaient préalablement être transcrits. L'innovation de la loi de 1855 ne porte que sur les baux d'une durée supérieure à 18 ans, pour les baux d'une durée inférieure, ont doit les considérer comme toujours réglés par les dispositions du Code Civil. Aussi admettons-nous que les baux n'excédant pas 18 ans pourront être valablement opposés à l'acheteur, pourvu qu'ils aient acquis date certaine antérieurement à l'aliénation ; ils cesseraient au contraire de lui être opposables, si leur date était devenue certaine, avant la transcription, mais après l'aliénation [1].

Occupons-nous maintenant exclusivement des baux d'une durée supérieure à dix-huit ans ; et demandons-nous si le preneur qui, avant la transcription de la vente, a fait transcrire son bail peut opposer ce bail à l'acquéreur pour toute sa durée, lors même qu'il n'a acquis date certaine qu'après la vente.

[1] Aubry et Rau. § 174, Flaudin II, 1251-1262.

Sous l'empire des principes du Code Civil, c'était d'après la date certaine respective que l'on eût réglé les droits des parties. Or, la vente ayant acquis date certaine avant le bail, il n'y avait pas de difficulté : le vendeur s'étant dépouillé de tous ses droits n'en avait pu conférer aucun au preneur. A ce principe de la date certaine, la loi du 23 mars a substitué celui de la transcription ; et il nous semble que c'est l'accomplissement seul de cette formalité qui doit être pris en considération, et que le preneur ayant fait transcrire son titre avant celui de l'acquéreur, doit pouvoir opposer à ce dernier son bail pour toute sa durée. Certains auteurs[1] ont cependant donné une solution contraire. L'acheteur, ont-ils dit, n'est pas tenu de subir le bail, car, s'il est vrai que la vente n'est pas opposable aux tiers qui ont des droits sur l'immeuble, elle peut être opposée à tous ceux qui, comme les créanciers chirographaires, investis de droits purement personnels, ne peuvent se prévaloir du défaut de transcription. La personnalité du droit du preneur admise, on doit considérer la vente comme opposable au preneur, qui, dans l'espèce, ne pourra mettre son droit sous la protection de la loi nouvelle.

Nous ne croyons pas ce raisonnement fondé. Sans

[1] Mourlon, (App. sur la Transcript. n° 347.)

doute le droit du preneur est un droit personnel ; mais la loi du 23 mars 1855 n'assimile en aucune façon le preneur à un créancier chirographaire ; elle établit entre la situation juridique des deux une différence très-tranchée. C'est ainsi que le preneur peut opposer le défaut de transcription de la vente, ce que ne peut faire le créancier chirographaire, et il le peut, parce que les baux d'une certaine durée étant mis par la loi au nombre des actes qui doivent être transcrits, les dispositions de l'art. 3, qui décide « que jusqu'à la « transcription les droits résultant des actes et juge- « ments ne peuvent être opposés aux tiers qui ont des « droits sur l'immeuble et qui les ont conservés en se conformant aux lois, » doivent lui être applicables. On ne peut arguer de ces mots « sur l'immeuble » pour enlever au preneur le droit que nous lui reconnaissons. En effet, ces mots n'ont été ajoutés — le rapport de M. De Belleyme en fait foi, — que pour écarter la prétention des créanciers chirographaires qui auraient pu vouloir opposer le défaut de transcription de la vente, mais c'est à eux seuls que cette exclusion se trouve limitée ; et rationnellement, on ne comprendrait pas qu'elle fût étendue au preneur. En effet s'il peut être évincé par un acheteur, nonobstant la date certaine de son bail, parce qu'il ne l'a pas transcrit, il est de toute justice qu'il puisse se prévaloir à son tour contre un acheteur négligent de l'omission de la même formalité[1].

Quant au raisonnement de M. Mourlon, il est singulièrement ébranlé par cette déclaration que son auteur fait lui-même « que dans le cas où le bail serait antérieur à la vente et transcrit postérieurement, mais avant la transcription de la vente, il pourrait être opposé pour toute sa durée à l'acheteur. M. Mourlon reconnaît donc que le preneur peut opposer le défaut de transcription de la vente, et s'il le peut, c'est qu'évidemment il n'est pas assimilable à un créancier chirographaire.

Si le bail n'est pas transcrit, la sanction de l'inobservation des prescriptions légales est la réduction à une période qui ne peut excéder dix-huit ans de la durée du bail. Le deuxième alinéa de l'art. 3 porte en effet que les baux non transcrits pourront être opposés aux tiers pour une durée de dix-huit ans. Dans le silence de la loi une question se pose : A partir de quelle époque courent les dix-huit années? Est-ce du jour où l'acte sous seing privé a été signé entre les parties? Est-ce du jour où il a acquis date certaine? Est-ce du jour où il sera opposé aux tiers?

Examinons la question par rapport à un tiers acquéreur.

[1] Flaudin, t. II, ch. IV. De la Transcription.

Trois opinions se sont produites, nous allons les énumérer en insistant seulement sur les arguments de celle que nous croyons la plus juridique.

La première fait courir les dix-huit années du jour où l'acquéreur a fait transcrire son acte d'acquisition.

La seconde prend pour point de départ la date même de l'acte de vente.

La troisième, qui est celle que nous adoptons, n'accorde au preneur que le droit d'achever la période de dix-huit ans qui courra au moment de la transcription de la vente[1]. Elle applique à l'hypothèse qui nous occupe, la règle posée par l'art. 1429 du Code Civil qui prévoit un cas analogue. Il vaut mieux, dit avec raison M. Troplong, quand la loi est muette, l'interpréter avec des textes qui ont du rapport avec elle que de se jeter dans des systèmes capricieux. C'est par analogie avec ce que décide l'art. 1429 que nous donnerons au preneur le droit d'achever la période commencée au moment de la transcription de la vente, mais sans étendre son droit au-delà de cette limite. Obliger, en effet, l'acquéreur à subir le bail non transcrit, et qui a commencé à courir depuis peu de temps, obliger, dis-je, l'acquéreur à le subir dans tous les cas jusqu'à concurrence de dix-huit ans, ce serait sacrifier les intérêts du nouveau propriétaire à ceux du preneur. Ajou-

[1] Troplong, Transcr. nos 203, 204. — Pont. Rev. crit. t. X, p. 407.

tons, enfin, que la Loi Belge qui exige, la transcription des baux excédant neuf ans et non dix-huit ans, n'a pas trouvé de meilleure solution à la question que ce renvoi à l'art. 1429. « Si ces baux n'ont pas « été transcrits, dit l'art. 1 à la loi du 16 déc. 1851, « la durée en sera réduite conformément à l'art. 1429 « du Code Civil. »

Examinons maintenant le concours de deux preneurs successifs.

1° Il peut y avoir concours entre deux preneurs successifs, porteurs tous les deux d'un bail dont la durée n'excède pas 18 ans ; 2°, entre deux preneurs auxquels le même immeuble aura été loué successivement pour plus de dix-huit ans ; 3°, entre un preneur porteur d'un bail d'une durée excédant dix-huit ans et un autre preneur, dont le bail a une durée inférieure à dix-huit ans ou ne dépassant pas dix-huit ans.

Etudions successivement ces trois hypothèses.

1° Concours entre deux preneurs successifs dont le bail n'excède pas dix-huit ans. A qui doit être accordée la priorité ? A notre avis, à celui dont le bail aura le premier acquis date certaine. Chaque locataire est, en effet, un tiers pour l'autre et peut se prévaloir du défaut de date certaine du bail qui lui est opposé. L'art. 1743 fournit en ce sens un argument *a fortiori*.

2° Concours entre deux preneurs auxquels le même

immeuble aura été loué successivement pour une durée excédant dix-huit ans.

MM. Aubry et Rau[1] pensent que la préférence doit se régler par la priorité du titre pour le laps de dix-huit ans, et par l'antériorité de la transcription, pour ce qui excède ce terme. M. Troplong pense, au contraire, que c'est le bail transcrit le premier, qui doit l'emporter sur l'autre. Telle est aussi notre opinion. Mais nous ne l'appuyons pas sur les mêmes motifs que M. Troplong[2] qui fait découler sa solution de cette idée que le bail confère au preneur un droit réel. La réalité de son droit, dit-il, lui permet d'invoquer la protection de la loi de 1855, car cette loi admet à invoquer le défaut de transcription tous ceux qui ont des droits sur l'immeuble; or, tel est le cas du preneur. Pour nous, qui n'accordons qu'un droit purement personnel au preneur, nous motivons notre opinion sur cette considération que la disposition qui soumet à la transcription les baux d'une durée de plus de dix-huit ans doit être entendue avec tous les effets qu'a attachés à ce défaut de transcription l'art. 3 de la loi précitée, pour les autres actes assujettis à la même formalité. D'ailleurs les locataires entre eux doivent être considérés comme des tiers. Telle était la doctrine appli-

[1] De la Transcription, nº 207.
[2] Aubry et Rau, t. II, § 174.

quée dans les pays de nantissement au moins dans ceux où il était d'usage de nantir les baux.

Ajoutons enfin que la solution que nous adoptons, a l'avantage de supprimer les inconvénients pratiques très-graves auxquels donne naissance l'opinion de MM. Aubry et Rau.

3° Concours entre deux preneurs dont l'un est porteur d'un bail d'une durée excédant dix-huit ans, l'autre d'un bail d'une durée n'excédant pas dix-huit ans.

Dans cette hypothèse, la transcription ne peut plus être prise comme règle de préférence entre les deux preneurs. Le bail de dix-huit ans et au-dessous n'étant pas assujetti à la transcription, le défaut de transcription ne peut être opposé à celui qui en est porteur : c'est à l'antériorité de la date certaine, et non à l'antériorité de la transcription, qu'il faut accorder la préférence[1].

Donation. — Le donataire peut écarter les actes sous seing privé par lesquels son donateur aurait aliéné ou démembré la propriété de l'immeuble donné, s'ils n'ont pas une date certaine antérieure à la transcription de la donation. C'est en effet, à partir de ce moment qu'il devient tiers. Telle est l'économie du Code Civil. Sous l'empire de la loi de 1855, il faudrait que l'acqué-

[1] Aubry et Rau, t. II, § 174, p. 61. — Troplong, op. cit. n° 208.

reur eût fait transcrire avant le donataire pour l'emporter sur lui ; il ne suffirait pas que son titre à lui acquéreur eût acquis date certaine.

Le donataire peut être chargé par le contrat de donation de payer tout ou partie des dettes présentes du donateur. Les créanciers de celui-ci ne pourront agir contre le donataire qu'autant que la preuve de l'antériorité de la dette pourra être faite par un titre ayant date certaine avant la donation [1].

Époux. — Chacun des époux est un tiers par rapport à l'autre en ce qui concerne les actes passés par celui-ci. C'est ainsi que le mari, chef de la communauté ou usufruitier des biens dotaux, ne pourrait se voir opposer l'acte de vente d'un immeuble propre de la femme qui n'aurait pas date certaine antérieure au mariage.

Nous avons trouvé déjà dans l'art. 1410 une conséquence de ce principe. Les dettes contractées par la femme antérieurement au mariage et dont le titre n'a pas date certaine ne sont pas opposables à la communauté : elles ne sont pas opposables davantage au chef de la communauté, au mari, qui est un tiers par rapport à sa femme ; elles ne continuent même pas à être opposables, dans la même mesure qu'avant le mariage, à la femme, bien qu'elle ne puisse pas être considérée

[1] Aubry et Rau, VIII, § 756, p. 253. Demol. XXIX, 533. Grenoble, 9 mai 1833. Sir. 33. 2. 506.

comme un tiers par rapport à ses propres actes. Cela tient à ce que s'il en était autrement, ces dettes rejailliraient contre le mari en diminuant l'actif de la communauté par la privation d'une certaine quantité de revenus, et en fait ces dettes seraient, par une voie détournée, devenues opposables au mari.

Supposons une dette dont l'antériorité au mariage ne soit pas établie, et néanmoins payée par le mari, pourra-t-il en demander récompense à la femme et à ses héritiers. Non (art. 1410, 3e alinéa) parce qu'en payant, le mari a implicitement reconnu que cette dette était à la charge de la communauté. Si, au contraire, le mari avait fait ses réserves et déclaré payer pour sa femme, sauf son recours contre elle, il n'y aurait plus de raison pour mettre définitivement le fardeau de la dette à la charge de la communauté. Nous donnerions la même solution pour le cas où la dette payée par le mari est de celles qui, de droit commun, donnent lieu à récompense.

L'art. 1410 n'indique que deux moyens, à l'aide desquels l'acte de la femme puisse acquérir date certaine, que comme cet article n'est l'application des principes généraux, il faut décider que l'acte pourra acquérir une date certaine par l'un quelconque des moyens énumérés dans l'art. 1328 [1], et que nous étudierons plus

[1] Aubry et Rau, t. V, § 508, n° 15.

loin ; il faut même aller plus loin et dire que les exceptions que comporte l'art. 1328 pourront être étendues à l'art. 1410. C'est ainsi que dans le cas où la date peut, de droit commun, être prouvée contre les tiers par d'autres moyens que ceux de l'art. 1328, en matière de commerce par exemple, elle pourra l'être également contre la communauté[1].

SECTION DEUXIÈME

Des créanciers.

L'acte sous seing privé fait-il foi de sa date à l'égard des créanciers ? Grave et difficile problème qui implique la solution de la question suivante : Le créancier, et si nous nous plaçons dans l'hypothèse d'une saisie, le créancier saisissant est-il un tiers ou un ayant cause ? Il est incontestable que la position du créancier saisissant présente de frappantes analogies avec celles d'un ayant cause. Lorsque les créanciers agissent dans les termes de l'art. 1166, ils sont réputés agir du chef de leur débiteur et exercer ses droits ; et par la vente de leur gage, ils sont mis en son lieu et place. Nous n'hésiterons cependant pas à placer le créancier saisissant dans la catégorie des tiers de l'art.

[1] Poitiers, 26 février 1856, S. 56. 2. 294. Rennes, 28 mars 1867-1868. 2. 224.

1328, et cela pour deux raisons. La première, c'est que nous avons un texte, l'art. 1298 du Code Civil, qui qualifie le créancier saisissant de tiers ; la seconde, c'est qu'à notre avis, l'art. 1322 ne comprend que les ayants cause à titre universel et exclut les ayants cause à titre particulier. Il est certain qu'à partir de la saisie-arrêt, le débiteur et le tiers saisi ne peuvent plus porter atteinte aux droits du créancier : or, comme le dit très-justement M. Marinier, page 113). « Étant tiers par rapport aux actes postérieurs à la saisie, quant à leurs effets mêmes, *a fortiori* le créancier aura-t-il ce caractère quant à la preuve. ». Sans doute, entre le créancier saisissant et l'acquéreur, il y a une différence profonde qui résulte dans notre espèce de ce que l'un a la propriété, et l'autre seulement un droit de gage : mais cette différence ne saurait empêcher l'application de l'art. 1328 [1].

§ I. — *Créanciers saisissants.*

Un débiteur peut porter atteinte aux droits d'un créancier saisissant par des aliénations ou des libérations. Étudions ces différentes hypothèses.

Actes d'aliénation.

Il importe d'abord de distinguer si la saisie a pour

[1] Aubry et Rau, t. VIII, § 756, p. 257. Demolombe XXIX 551. Contra Cour de Cass. 8 novembre 1842. Sir. 42. 1. 929.

objet une créance ou un objet mobilier. Dans le premier cas la question de date certaine ne s'élèvera que rarement ; et en effet, d'après les termes de l'art. 1690, l'acte qui pourra être invoqué contre le créancier, que ce soit une notification ou l'acceptation du débiteur cédé sera le plus ordinairement un acte authentique. Dans le second cas, l'aliénation du meuble saisi ne sera opposable au créancier saisissant, qu'autant qu'elle aura acquis date certaine antérieurement à l'exploit de saisie-arrêt[1].

Actes de libération.

En ce qui concerne ces actes, la règle est posée dans les art. 1242 et 1298 du Code Civil qui décident que postérieurement à l'exploit de saisie-arrêt, le tiers-saisi ne peut plus se libérer d'une manière quelconque au préjudice du créancier si la demande en validité a été formée et dénoncée dans les délais. Il y a lieu cependant de faire une distinction entre les quittances, et les autres actes de libération, tels que remise de la dette et novation. En ce qui touche les quittances, nous verrons plus loin que même non enregistrées avant l'exploit de saisie-arrêt, elles font foi de leur date à l'égard du saisissant. La remise de la dette, la novation et la compensation antérieures devront au contraire se prouver par un titre ayant date

[1] Boitard. Leçons de procédure civile, 2, p. 219.

certaine ; en un mot, nous n'admettrons pas que le créancier saisissant puisse se voir opposer la date non certaine, de titres libératoires émanés du débiteur saisi.

Un assez grand nombre d'arrêts[1] ont écarté l'opinion que nous soutenons. Le créancier saisissant, disent-ils, n'est pas seulement l'ayant cause du débiteur saisi ; il en est bien plus, il est le débiteur lui-même. Le créancier saisissant n'a pas de droit propre. La saisie-arrêt considérée dans le premier acte qui la constitue n'est qu'une mesure conservatoire ; elle n'est qu'un mode spécial de réaliser le droit que le Code Civil confère aux créanciers par l'art. 1166.

La vérité de ce point de vue est mélangée d'erreur. La saisie-arrêt présente bien un caractère conservatoire ; mais elle est en même temps un acte d'exécution ; et la meilleure preuve que l'on en puisse donner, c'est qu'elle aboutit à faire verser le montant de la dette entre les mains du créancier qui agit bien en son nom propre.

Nous avons parlé plus haut de la remise de la dette et de la novation : en ce qui concerne la compensation, nous avons l'art. 1298 qui dit formellement que le créancier saisissant est un tiers. « La compensation « n'a pas lieu au préjudice des droits acquis à un tiers.

[1] Aix, 8 janvier 1841, S. 41. 2. 339.

« Ainsi celui qui, étant débiteur, est devenu créancier « depuis la saisie-arrêt faite par un tiers entre ses mains, « ne peut, au préjudice du saisissant, opposer la com- « pensation. » L'acte qui constate les causes de libération produites en la personne du débiteur ne fait donc pas foi de sa date à l'égard du créancier.

Plaçons-nous maintenant successivement dans l'hypothèse d'une saisie-exécution et d'une saisie-mobilière.

Saisie-Exécution.

Le créancier, par les mêmes raisons que pour la saisie-arrêt, est encore un tiers. C'est au moment du procès-verbal de saisie-exécution que le créancier devient tiers par rapport aux actes de son débiteur[1]. Désormais les actes d'aliénation consentis par le débiteur ne seront pas opposables aux créanciers saisissants ; ils auront seulement à subir les conséquences de ceux qui ont une date certaine, antérieure au procès-verbal de saisie-exécution.

Saisie-Immobilière.

Lorsque le créancier poursuit l'expropriation des immeubles de son débiteur, il peut trouver devant lui un tiers à qui des droits réels auraient été constitués,

[1] Marinier, page 127.

ou bien un preneur. Examinons ces deux hypothèses :

Supposons une aliénation faite par le débiteur : aux termes de l'art. 686 du Code de Procédure, toute vente qui n'a pas une date certaine, antérieure à la transcription de la saisie est nulle. Pour être opposable au créancier saisissant, la vente devra donc avoir date certaine, antérieure à la transcription de la saisie ; — et ce que nous avons dit de l'aliénation s'appliquerait avec une égale exactitude, à la constitution d'une servitude, etc., à l'établissement de tout droit qui diminuerait la valeur vénale de l'immeuble saisi.

L'époque, à laquelle le créancier devient tiers, n'est plus la même lorsqu'il s'agit d'un bail que lorsqu'il s'agit d'une aliénation. Pour déterminer cette époque, c'est le commandement et non la transcription de la saisie qu'il faut considérer. C'est ce que l'on peut induire des termes formels de l'art. 684, du Code de Procédure, qui prononce la nullité sur la demande des créanciers saisissants ou de l'adjudicataire, de tous les baux qui n'ont pas une date certaine au commandement qui a précédé la saisie. La différence que le Code Civil établit, entre les tiers acquéreurs et le preneur, se justifie aisément. Les acquéreurs courent plus de risques que les preneurs : l'éviction est plus dangereuse que la résiliation d'un bail ; il est donc tout naturel que la loi entoure l'époque à partir de laquelle le débiteur ne peut plus consentir d'aliénation d'une publicité plus grande que celle à partir de laquelle la faculté de consentir des baux, au préjudice des créanciers saisissants, lui est retirée. Les risques étant moins grands, moins grande peut être la protection de la loi.

Revenons à l'art. 684 du Code de Procédure. Cet article nous semble être l'application du principe de l'art. 1328, adouci par un tempérament. Certains auteurs ont cependant voulu voir dans l'art. 684 un cas d'exercice de l'action paulienne. Cette opinion s'est fait jour lors de la discussion à la Chambre des Pairs de l'art. 684 ; elle avait alors pour défenseurs MM. Persil et Laplagne Barris. Aussitôt réfutée et combattue, elle est aujourd'hui presque complétement abandonnée. Elle aboutissait, en effet, à cette conséquence bizarre, que les créanciers n'auraient pu faire annuler pour cause de fraude, aux termes de l'art. 684, que les baux sans date certaine, tandis que l'art. 1167 les munit du droit très-général d'attaquer les actes de leur débiteur, que ces actes aient ou non une date certaine. Il faut donc reconnaître que l'art. 684 est étranger à l'action paulienne [1].

Nous avons annoncé que le législateur avait apporté un tempérament dans l'art. 1328 ; voici en quoi

[1] Cass. 22 mars 1878, S. 79. 1. 109.

il consiste. L'application rigoureuse du principe de l'art. 1328 eût conduit à annuler toujours et dans tous les cas, les baux sans date certaine qui seraient opposés aux créanciers saisissants : ceux-ci, en effet, sont des tiers. L'art. 684 accorde aux tribunaux un pouvoir d'appréciation ; le juge peut, mais n'est pas obligé, de prononcer l'annulation, s'il est convaincu qu'il n'y a pas eu antidate. Le motif de la dérogation est des plus faciles à saisir. Le bail fait dans des conditions avantageuses ne cause aucun préjudice sérieux à l'acquéreur, car il ne diminue pas la valeur vénale de l'immeuble, et il était utile de garantir le preneur contre l'expulsion arbitraire de l'acquéreur.

Remarquons avant de quitter notre matière, que sous l'empire de la loi de 1855, il ne suffit pas que le bail ait acquis date certaine ; il faut encore que le bail ait été transcrit avant la transcription de la saisie, si la durée du bail excède 18 ans (art. 2). Pour ces baux, nous déciderons par application des principes que nous avons précédemment exposés, que même ayant acquis date certaine avant le commandement, ils ne peuvent, lorsqu'ils n'ont pas été transcrits antérieurement à cet acte, être opposés aux créanciers hypothéqués que pour le restant de la période de 18 ans, dans laquelle se trouve le preneur à la date du commandement[1].

[1] Aubry et Rau, III, § 286, p. 431.

§ II. — *Action paulienne.*

L'action paulienne est une action révocatoire donnée au créancier contre les actes faits par le débiteur en fraude de ses droits. Pour réussir dans l'exercice de cette action, le créancier doit prouver le préjudice qu'il a subi, la fraude du débiteur et celle du tiers, si l'acte est à titre onéreux. Deux faits pourront établir son préjudice : 1° l'insolvabilité du débiteur ; 2° l'antériorité de son titre par rapport à l'acte attaqué. C'est ce qu'exprime l'art. 1053 lorsqu'il dit qu'en cas de substitution, l'abandon anticipé de la jouissance au profit des appelés ne pourra nuire aux créanciers antérieurs à l'abandon.

Etudions la preuve de l'antériorité du titre en matière civile. Il y a d'abord un point sur lequel tout le monde est d'accord, c'est que le créancier agissant, non pas en vertu des droits de son débiteur, mais en son nom personnel, est un tiers dans l'exercice de l'action paulienne. En cette qualité, il sera dispensé de prouver l'antidate, et pourra invoquer l'art. 1328. Supposons l'aliénation d'un immeuble, faite par le débiteur en fraude des droits de son créancier ; ce dernier attaque l'aliénation : l'acquéreur ne pourra écarter ce dernier qu'autant que le contrat aura une date certaine, antérieure au titre du créancier. Mais admettons que l'acte attaqué soit authentique ou ait une date certaine, le tiers acquéreur pourra-t-il à l'inverse invoquer le bénéfice de l'art. 1328 et opposer au créancier qui intente l'action paulienne, que son titre n'a pas une date certaine antérieure au sien? C'est ici que commencent les difficultés.

M. Serrigny a soutenu l'affirmative en vertu du syllogisme suivant. L'art. 1328 a pour but de protéger les tiers contre le danger des antidates ; or, le défendeur à l'action paulienne, quel qu'il soit, de bonne ou de mauvaise foi, acquéreur à titre onéreux ou donataire, est un tiers, dans ses rapports avec les créanciers qui l'attaquent en leur nom personnel. Donc il peut invoquer l'application de l'art. 1328. Cette solution n'a été pleinement adoptée par aucun auteur. Plusieurs systèmes de distinctions ont été proposés.

M. Bédarride[1] propose une distinction fondée sur la nature de l'acte attaqué. L'acte est-il à titre onéreux, l'art. 1328 peut être invoqué par l'acquéreur. L'acte est-il à titre gratuit, le donataire est non pas tiers, mais ayant cause. Il ne peut invoquer l'art. 1328 et l'acte sous seing privé fait foi contre lui de sa date. Dans le cas où l'acquéreur pourrait invoquer l'art. 1328,

[1] Traité du dol et de la Fraude IV, n° 1423, 1424.

M. Bédarride admet que le titre du créancier pourra lui servir de preuve par écrit, autorisant la preuve testimoniale qui est de droit commun en matière de fraude.

La distinction que nous avons exposée, nous paraît devoir être rejetée, car elle est arbitraire. Il est, en effet, évident, que par rapport aux actes souscrits, l'acquéreur à titre onéreux et le donataire sont des tiers. Ne sont-ils pas, en effet, tous deux des ayants cause à titre particulier? Quelle est la raison de les traiter différemment ? M. Demolombe[1], propose de distinguer suivant que l'action paulienne est dirigée contre un tiers de bonne ou de mauvaise foi.

L'action est-elle formée contre un tiers de mauvaise foi, qui a participé à la fraude du débiteur. M. Demolombe n'exige pas que le titre du demandeur ait acquis date certaine antérieurement à l'acte attaqué, par l'un des moyens indiqués dans l'art. 1328.

« La fraude, dit le savant professeur, fait exception à toutes les règles ; et celui qui l'a commise ne saurait s'en prévaloir et y trouver un moyen de défense « *nemini sua fraus patrocinari debet*, » or, si le créancier dont le titre n'a pas date certaine est obligé d'attaquer les actes que vous avez faits, c'est par votre fraude à vous-même qu'ils se trouve réduit à cette né-

[1] Tome XXV, n° 234.

cessité. Donc, vous n'êtes pas recevable à lui opposer que son titre n'a pas date certaine, car c'est là précisément l'un des éléments de votre fraude : et la preuve de l'antériorité de son titre résultera de la preuve qu'il demande à faire, de la fraude que vous aurez commise à son préjudice.

L'action Paulienne est-elle dirigée contre un tiers de bonne foi qui n'a pas été complice de la fraude du débiteur. M. Demolombe pense que le tiers peut invoquer la protection de l'art. 1328. Le meilleur argument que l'on puisse invoquer à l'appui de cette opinion est le danger qui existe à laisser au débiteur la possibilité de porter atteinte par des antidates aux droits qu'il a concédés.

Cette distinction consacrée par plusieurs arrêts est aussi celle que nous adoptons.

§ III. — *De l'exercice des droits et actions du débiteur.*

Aux termes de l'art. 1166 le créancier peut se faire subroger par justice dans l'exercice des droits de son débiteur. Le but de cet article est de permettre au créancier de conserver plus sûrement l'intégrité de son gage, en faisant au lieu et place du débiteur tous les actes que celui-ci aurait dû faire. Le droit conféré au créancier par l'art. 1166 a donc un caractère essentiellement conservatoire ; et ce caractère que nous signalons conduit à une règle toute différente de celle que nous avons posée pour les saisies.

Les actes émanés du débiteur feront foi de leur date à l'égard du créancier. C'est la conséquence logique de cette idée que le créancier représente le débiteur, qu'il prend sa place et agit en son nom. Les créanciers n'en restent pas moins des tiers au sens de l'art. 1328; mais ici ils ne se séparent pas du débiteur : c'est le débiteur qui agit par leur intermédiaire. Quant à la différence qui existe entre notre règle et celle que nous avons posée en matière de saisies elle se justifie, avons-nous dit, par le caractère même du droit accordé par l'art. 1166. Les saisies, en effet, sont des actes d'exécution. « Pour la saisie, dit M. Marinier, le « créancier réalisant le droit de gage, sur un bien dé-« terminé qui se trouve dans le patrimoine de son « débiteur, acquiert sur ce bien un droit réel « *sui ge-* « *neris* » le débiteur ne peut plus y porter atteinte. Le « créancier est tiers, en tant qu'il défend ce droit réel « de gage contre les actes du débiteur. Voilà pourquoi « il peut invoquer l'art. 1328..... La subrogation ju-« diciaire de l'art. 1166 tend au contraire à la conser-« vation du gage, et non au paiement du créancier. « Une fois que le bien sera rentré dans le patrimoine

« du débiteur, le créancier pourra le saisir, mais jus-« que-là, il ne fait que conserver son gage. Il n'ac-« quiert point comme le créancier saisissant de droit « réel « *sui generis.* »

La jurisprudence a fait l'application des idées que nous avons exposées au partage, en décidant que lorsqu'un créancier provoque un partage au nom de son débiteur, la date des actes sous seing privé signés par ce dernier lui est opposable. La solution serait différente si le créancier conformément à l'art. 882 du Code Civil intervenait au partage. Là, en effet, il exerce non plus le droit de son débiteur, mais un droit propre et il peut invoquer l'art. 1328.

§ IV. — *Des créanciers de la Faillite.*

Une question des plus importantes a été agitée, celle de savoir si les actes sous seing privé souscrits par le failli avant l'ouverture de la faillite sont opposables aux créanciers, quoiqu'ils n'aient pas acquis date certaine avant la faillite.

Il faut écarter tout d'abord de la question les actes qui ont pour objet des opérations commerciales, et les quittances qui, nous le verrons bientôt, ne sont pas soumises à l'application rigoureuse de l'art. 1328. C'est donc en matière civile seulement, abstraction faite des quittances, que pourra s'élever la question de savoir si les créanciers d'un failli sont tiers ou ayants cause.

La jurisprudence a jugé à plusieurs reprises « que les créanciers chirographaires agissant en cette seule qualité, sans faire valoir de droits particuliers distincts de ceux qu'elle confère sur l'ensemble des biens du débiteur, doivent en règle générale, et le cas de fraude excepté, être considérés comme ayants cause et non comme des tiers [1]. » Ainsi, d'après la Cour de Cassation, la masse n'est pas un tiers par rapport au failli, mais un ayant cause. Le jugement déclaratif de faillite, dit la jurisprudence, ne confère aucun droit nouveau aux créanciers du failli ; ils sont après le jugement ce qu'ils étaient avant, des ayants cause. Par l'effet du jugement, le failli est dessaisi de l'administration de ses biens ; le syndic centralise entre ses mains les actions passives et actives qui lui compètent. D'où cette conséquence forcée que la masse, par l'intermédiaire des syndics, ne fait qu'exercer les droits de son débiteur, par une application étendue de l'art. 1166. Il s'en suit, *qu'en principe*, les actes opposables au failli seront opposables à la masse, qui est simplement mise en son lieu et place.

[1] Cass. 1er juillet 1857, 1858. 1 .206. — Cass. 1875, Dalloz, I p. p. 353, 28 juin 1875. D. I p. 469. — Aubry et Rau, t. VIII, § 756, p. 255. — Rennes 22 juillet 1879. 1879 2. 31.

Voilà l'exposé du système de la Jurisprudence, et des raisons sur lesquelles il s'appuie. Nous l'adoptons sous le bénéfice d'une exception que consacre la Cour de Cassation et qui nous paraît nécessaire. Un certain nombre d'auteurs ont combattu la doctrine des arrêts, en se fondant sur ce que la jurisprudence mettait entre les mains du failli une arme commode pour éluder les effets du dessaisissement, en apposant une fausse date sur des actes sous seing privé sans date certaine souscrits par lui avant l'ouverture de la faillite et néanmoins opposables aux créanciers. On met encore en avant cette idée que la faillite, opérant une véritable saisie au profit des créanciers doit en produire tous les effets, et que ces créanciers doivent être considérés comme tiers au même titre que les créanciers du saisi.

On a combattu ce dernier argument en disant que le dessaisissement prononcé contre le failli n'attribue pas par lui-même aux créanciers un droit nouveau, un droit distinct de celui de leur débiteur, et qu'il n'a d'autre effet que de les substituer à lui dans l'administration de ses biens [1].

Il faut répondre ensuite, pour faire écarter le second argument, que les créanciers seront admis à prouver la fraude ; c'est là qu'est la garantie contre le

[1] Sic. Braas, op. cit. p. 196.

danger signalé. D'ailleurs l'opinion inverse présente un grave inconvénient car elle permettrait à la masse des créanciers de méconnaître, *de plano*, après la faillite, la date de tous les actes sous seing privé du failli, par cela seul que ces actes n'auraient pas acquis une date certaine avant la faillite.

Indiquons maintenant l'exception que nous avons réservée à côté du principe.

Il y a certains droits que la loi accorde aux créanciers d'une manière générale ou aux créanciers d'une faillite, et qu'elle n'accorde pas au débiteur. Certains actes de celui-ci irrévocables à son égard peuvent être annulés sur la demande de ses créanciers comme portant préjudice à leurs droits. C'est ce qu'on rencontre dans l'art. 1167 du Code Civil, et en matière commerciale, dans l'art. 446,447, 448 du Code de Commerce. Dans tous ces cas il nous semble évident que la masse doit être traitée comme tiers. Elle ne peut pas, en effet, être considérée comme tenant ses droits du failli, puisqu'elle a des droits que celui-ci n'a pas. Nous déciderons donc[1], dans une espèce qui s'est posée plusieurs fois devant les tribunaux qu'un jugement intervenu avec le failli et arqué de fraude ou de collusion ne pouvait être invoqué utilement contre les créanciers

[1] Cass. 30 mars 70, D. 70. 1. 254.

de la faillite, et que ceux-ci pourraient le faire tomber par la tierce opposition.

§ V. — *De la régie de l'enregistrement.*

La régie de l'enregistrement, créancière des droits fiscaux et des peines encourues, est un tiers vis-à-vis des particuliers. De là l'art. 62 de la loi du 22 frimaire an VII qui décide que la date des actes passés par eux ne pourra lui être opposée pour faire courir la prescription que si elle est devenue certaine par le décès de l'une des parties ou autrement, c'est-à-dire par un des moyens de l'art. 1328.

§ VI. — *Créanciers investis d'une sûreté réelle.*

Les créanciers hypothécaires sont-ils des tiers ou des ayants cause. Des tiers incontestablement. La loi les investit d'un droit de préférence et d'un droit de suite. Parlons d'abord du droit de suite. Supposons les créanciers hypothécaires aux prises avec un acte d'aliénation de l'immeuble hypothéqué. L'acquéreur devra-t-il succomber, faute par lui de justifier d'un acte d'acquisition ayant acquis une date certaine avant la constitution de l'hypothèque?

Évidemment le droit de suite conféré aux créanciers hypothécaires altère le pouvoir de disposer du débiteur qui ne peut plus aliéner qu'à la charge de ce droit de suite ; et l'art. 1328 a précisément pour but de protéger contre les antidates les acquéreurs à titre particulier d'un droit qui ne peut plus être atteints par les actes ultérieurs de celui de qui il émane. Il n'y a plus de doute possible sur ce point depuis la loi du 23 mars 1855 qui ne permet d'opposer au créancier hypothécaire l'aliénation de l'immeuble qu'autant qu'elle a été transcrite. Le créancier hypothécaire est donc aussi bien un tiers au point de vue de la condition de la transcription, qu'au point de vue de la condition de la date certaine.

Droit de préférence. — Entre plusieurs créanciers qui ont une hypothèque sur la même chose, le rang se détermine par l'inscription de l'hypothèque sur le registre du conservateur. Le registre et le certificat du conservateur font, en effet, foi de la date des inscriptions. Mais il existe des hypothèques dispensées d'inscription, et dont la date peut être déterminée par un acte sous seing privé ; ainsi la femme mariée a hypothèque sur les biens de son mari pour les dettes contractées pendant le mariage avec lui à compter du jour de l'obligation ; de là, la question de savoir si l'acte de vente ou d'obligation sous seing privé fera foi de sa date à l'égard des créanciers hypothécaires que la femme voudrait primer ? La solution s'impose : les créanciers hypothécaires, investis d'un droit réel sont des tiers et peuvent invoquer l'art. 1328. Ils sont dans la même situation qu'un acquéreur et généralement un ayant cause à titre particulier. Ils écarteront donc les actes sans date certaine sur lesquels la femme appuyerait son hypothèque légale[1].

On a cependant fait plusieurs objections à cette solution[2]. Voici les deux principales. L'art. 2135, dit-on, qui traite de l'hypothèque légale de la femme ne la soumet à aucune formalité, et ne distingue pas suivant que l'acte a acquis ou non date certaine. On a répondu avec raison que cet article ne préjuge rien sur l'application de l'art. 1328, et qu'il a uniquement pour objet de dispenser la femme de prendre inscription. La seconde objection est tirée de la prétendue inconséquence qui existerait à dispenser la femme de la formalité de l'inscription tout en la laissant assujettie à celle de l'enregistrement. L'inconséquence n'existe pas. Autre chose est l'inscription, autre chose est l'enregistrement. Pour le crédit du mari, l'inscrip-

[1] Larombière, t. IV, art. 1328, n° 33. — Bonnier, t. II, n° 697.

[2] Cass. 15 mars 1859, S. 59. 1. 195. — Orléans, 24 mai 1848, 1850, 2. 145.

tion est quelque chose de plus grave que l'enregistrement du titre ; la femme de son côté aurait pu être tentée de ne pas faire l'inscription, alors qu'elle eût facilement consenti à faire enregistrer son titre. Il y avait donc, pour la dispenser de l'inscription, une raison qui n'existait pas, lorsqu'il s'agissait de l'affranchir de la formalité de l'enregistrement.

Créancier gagiste. — Le créancier gagiste doit aux termes de l'art. 2074 faire enregistrer son titre, sinon il n'a pas de privilège ; autrement dit, son droit n'est pas opposable aux tiers. C'est d'après la date de leurs titres assurée par l'enregistrement ou autrement, — car on est généralement d'accord pour penser qu'il suffit que le titre de nantissement ait acquis une date certaine d'une manière quelconque, — que se réglera le conflit entre deux créanciers auxquels le débiteur aurait engagé la même chose. Il semble, *a priori*, impossible que la même chose puisse être engagée à deux personnes, puisque le gage suppose la remise de la chose au créancier. Mais la chose peut être remise soit au créancier lui-même, soit à un tiers qui possède en son nom. Un débiteur de mauvaise foi peut ainsi engager successivement à deux créanciers un même objet qui se trouve aux mains d'un tiers. C'est celui des deux dont le titre aura date certaine qui sera préféré.

Les créanciers privilégiés peuvent avoir en certaines circonstances intérêt à produire un titre ayant date certaine. C'est ainsi que l'étendue du privilège du bailleur propriétaire, varie suivant la nature de son titre. Produit-il un titre ayant date certaine, son privilège garantit tous les loyers échus ou à échoir. Produit-il au contraire un titre sans date certaine, le privilège n'existe que pour une année à partir de l'année courante et selon nous pour toutes les années échues : mais cette dernière application du privilège du bailleur est controversée[1].

Quand les créanciers chirographaires ont à lutter contre un droit de préférence invoqué par un de leurs cocréanciers, ils peuvent, pour l'écarter, invoquer le défaut de date certaine de son titre, si ce titre, pour

[1] La loi du 12 février 1872 a apporté des modifications profondes à l'art. 2102 1° du Code civil pour le cas de la faillite du preneur. En cas de résiliation sur la demande du bailleur, ce dernier ne peut se faire payer par privilège que les loyers des deux années échues avant le jugement déclaratif de faillite et ceux de l'année courante, sans pouvoir réclamer le paiement par anticipation des loyers à venir. Il ne le peut, et pour une année à échoir seulement, à partir de l'expiration de l'année courante, que dans l'hypothèse d'une vente et de l'enlèvement des meubles garnissant les lieux loués. Si le bail n'est pas résilié, le locateur pourra se faire payer par privilège tous les loyers échus, mais ceux-là seulement. La loi ne distingue pas dans toutes ces hypothèses, si le bail a ou non date certaine, les droits du bailleur sont les mêmes dans l'un et l'autre cas.

produire son effet, devait être passé antérieurement à une époque déterminée. Voici plusieurs exemples : La femme qui prétend exercer son hypothèque légale à raison des dettes contractées pendant le mariage doit justifier, à l'égard de la masse chirographaire, par des titres ayant date certaine qu'elles ont été effectivement contractées pendant le mariage.

Un individu paie la dette d'un autre, il prétend avoir agi comme caution et invoque le bénéfice de la subrogation légale (art. 1251-3°). L'acte de cautionnement sous seing privé devra avoir une date certaine antérieure au paiement[1], sinon les autres créanciers pourront repousser sa prétention.

SECTION TROISIÈME

Des tiers proprement dits.

En principe, les actes sont sans effet vis-à-vis des tiers (*penitus extranei*) qui n'y ont pas été parties par eux-mêmes ou par leur auteur. Il n'arrivera donc presque jamais que ces tiers auront un intérêt quelconque à contester la date d'un acte qui vertu de cette règle fondamentale « *res inter alios acta*, *aliis neque no-*

[1] Aubry et Rau, t. VIII, § 756, p. 258.

cere neque prodesse potest, » ne peut pas leur être opposable. Cependant par exception, un acte peut réfléchir contre des tiers. C'est ainsi que la production d'un titre par le possesseur de bonne foi d'un immeuble, abrège en sa faveur les délais de la prescription, et nuit par conséquent au propriétaire qui n'a pas été partie. On est d'accord pour reconnaître que l'acte ne pourra être invoqué par le possesseur qu'autant qu'il aura une date certaine. Depuis la loi de 1855 il faudrait même, selon nous, pour que le titre de possesseur de bonne foi pût fonder la prescription de dix à vingt ans, non-seulement qu'il eût date certaine, mais encore qu'il eût été transcrit. Les termes de l'art. 3 nous paraissant dans leur large signification comprendre le *verus dominus* parmi les tiers qui peuvent invoquer le défaut de transcription [1].

Voici un autre exemple. L'art. 595 du Code Civil impose au nu-propriétaire qui recouvre la pleine propriété de son héritage par suite de l'extinction de l'usufruit de respecter les baux faits par l'usufruitier dans les limites de son droit, et pendant la durée de l'usufruit. Si l'on oppose au nu-propriétaire un bail sous seing privé, signé par l'usufruitier, sans date certaine,

[1] Colmet de Santerre, t. V, 56 bis, VI. — Demol. t. XXIV, n° 462. — Contrà, Mourlon, Traité de Transcript. t. II, n° 502. — Aubry et Rau, t. II, 5209, n° 106, p. 317.

il pourra n'en pas tenir compte ; car vis-à-vis de l'usufruitier, il est un tiers « *penitus extraneus*, » et l'acte de l'usufruitier ne fait pas foi de sa date contre lui.

CHAPITRE IV

MOYENS D'ASSURER UNE DATE CERTAINE AUX ACTES SOUS SEING PRIVÉ

Aux termes de l'art. 1328, les circonstances qui rendent certaine la date d'un acte sous seing privé sont au nombre de trois. Ce sont :

1° L'enregistrement.

2° La mort de l'une des personnes qui ont souscrit l'acte.

3° La constatation de sa substance, dans un acte dressé par un officier public, tel qu'un procès-verbal de scellé ou d'inventaire.

Examinons chacune des trois hypothèses prévues. La première est l'enregistrement du titre.

Il est facile de voir quel est ici le fondement de la certitude de la date, c'est l'authenticité attachée par la loi aux déclarations des officiers publics. Le receveur de l'enregistrement qui enregistre un acte sous seing privé, atteste l'existence de l'acte à l'époque ou il lui est présenté.

L'enregistrement est la mention qu'un fonctionnaire public préposé à cet effet fait de la substance de l'acte sur un registre. C'est la relation de l'acte sur le registre qui lui donne une date certaine, et non la mention mise par le receveur sur le titre. Au cas où la mention ne serait point conforme au registre, ce serait ce dernier qui devrait faire foi. La loi a considéré comme suffisante les garanties qui assurent la tenue exacte des registres.

L'enregistrement ne prouve pas que l'acte ait été fait à la date qu'il porte ; il ne prouve qu'une seule chose; que l'acte existait bien à la date à laquelle il a été effectué.

L'enregistrément fait à l'étranger pourrait-il suffire pour donner date certaine à un acte sous seing privé? Quoique la cour de Bruxelles, ait admis l'affirmative, la négative nous paraît certaine. Il est bien évident, en effet, que, lorsqu'il a écrit l'art. 1328, le législateur Français n'a pu penser qu'à l'enregistrement en France : il ne pouvait pas être sûr que même dans le cas où des formalités analogues existeraient à l'étranger, en fait, ces formalités présenteraient des garanties identiques. Enfin la loi ne peut donner aucun pouvoir à un fonctionnaire hors des limites du territoire où il exerce ses fonctions.

II. *Mort de l'un des souscripteurs.*

L'acte a date certaine à partir du jour du décès, mais à partir de ce jour-là seulement. Par personnes qui ont souscrit l'acte, il faut entendre les parties contractantes qui ont apposé leur signature sur l'acte sous seing privé, soit à titre d'obligé principal, soit à titre de caution.

On s'est demandé si un acte sous seing privé aurait date certaine par le décès d'un des témoins ou d'un individu étranger à l'acte qui y aurait opposé un visa précisément pour lui donner date certaine, le cas échéant. La jurisprudence[1] a eu à trancher cette question dans l'espèce suivante. Un acte authentique avait été dressé ; mais cet acte était nul pour défaut d'observation des formalités légales : seulement, en vertu de l'art. 1318, il était valable comme acte sous seing privé, ayant été signé par les parties. L'acte n'avait pas date certaine, mais un témoin l'avait signé et était décédé. Ce décès lui donnait-il date certaine?

[1] Cass. 8 mars 1827, S. 27. 1. 453. — Larombière, t. IV, art. 1328, n° 43, p. 444.

Oui, a répondu la Cour de Cassation. La loi, en exigeant le décès de l'un de ceux qui ont souscrit l'acte sous seing privé ne s'inquiète pas en effet de la qualité en laquelle il a apposé sa signature ; et en second lieu le mot souscripteur comprend grammaticalement, tous ceux qui ont signé l'acte. Nous ne croyons pas bien fondée cette doctrine. L'art. 1328 parle de ceux qui ont souscrit l'acte sous seing privé. Or, si l'on compare l'art. 1328 et l'art. 1322, on verra que ces mots sont dans le langage de la loi synonymes de parties contractantes ; dans l'art. 1326, on désigne encore la partie qui s'oblige par la même expression ; d'ailleurs si le mot souscripteur comprend parfois les témoins, il n'en est pas ainsi dans la langue du droit et des affaires. Souscrire en effet un billet, c'est le signer comme obligé. Le mot souscripteur en matière d'effets de commerce, désigne précisément celui qui s'oblige en signant un effet.

III. *Relation dans un acte authentique de la substance de l'acte sous seing privé.*

La pensée du législateur est la suivante. Lorsque l'existence d'un acte sous seing privé est constatée par un officier public, la date en est assurée. L'acte n'est pas revêtu du caractère de l'authenticité, car l'officier public ne l'a pas reçu ; mais la loi considère comme certaine son existence, dès qu'elle est attestée par lui.

Il importe qu'aucune ambiguité ne puisse être élevée au sujet du titre qui a été vu à telle époque par l'officier public, aussi faut-il que la substance de l'acte sous seing privé soit relaté ; et par substance, nous entendons les parties essentielles, qui donneront à cet acte son caractère distinctif, qui font qu'il ne peut être confondu avec aucun autre. Par exemple, s'il s'agit d'un acte de vente, il faudra indiquer l'objet, le prix, le nom des parties ; une simple mention de l'acte, accompagné de la date qu'il porte, ne suffirait pas. Suffirait-il que l'acte fût constaté par ses caractères matériels, par l'indication des mots qui le commencent et des mots qui le terminent? M. Larombière le pense, pourvu, dit-il, que ces mentions ne laissent aucun doute sur l'identité. Telle est aussi notre avis[1].

La loi n'énumère pas tous les faits qui peuvent donner date certaine à un écrit sous seing privé ; mais néanmoins elle pose un principe général : tout acte dressé par un officier public jouissant de l'authenticité aura cet effet[2]. Elle cite comme exemples les procès-verbaux de scellés, d'inven-

[1] Conf. Demolombe, t. XXIX, nº 561. Larombière IV, art. 1328, nº 46.

[2] Marinier, p. 171.

taire. Il faudrait encore appliquer l'art. 1328 à tous les actes de notaires, d'huissiers, aux jugements et aux actes émanés d'une administration publique, aux décisions ministérielles. On a décidé avec raison[1] qu'il en était autrement d'une requête en défense signifié d'avoué à avoué, parce qu'en effet, les énonciations que ces sortes d'actes renferment, ne constituent que de simples allégations sans aucun caractère d'authenticité.

Le timbre de la poste n'étant pas rangé par la loi au nombre des moyens propres à donner date certaine à un acte sous seing privé, on ne saurait considérer, comme ayant date certaine une lettre qui porterait le timbre de la poste, alors même que l'enveloppe et la lettre seraient sur la même feuille. Ce n'est pas seulement l'art. 1328 qui s'y oppose, mais ce fait, que l'employé de la poste ignorant le contenu de la lettre ne peut en constater la substance[2].

Un acte sous seing privé a été enregistré, il relate la substance d'un acte antérieurement passé, mais non enregistré, communique-t-il à cet acte antérieur la certitude de sa date? Nous ne le croyons pas, car ce serait sortir du troisième cas prévu par l'art. 1328 et

[1] Grenoble, 26 avril 1849. Aix, 1850, II, 271.

[2] Aubry et Rau, tome VIII, p. 260, § 756. — Contrà, Braas, op. cit, p. 130.

ajouter à la loi. D'ailleurs, si le législateur a reconnu une date certaine à l'acte sous seing privé relaté dans un acte dressé par un officier public, cela tient à la confiance que lui inspire cet officier ; dans le cas qui nous occupe, la même raison n'existe pas.

L'énumération de l'art. 1328 est-elle limitative ou simplement démonstrative ? L'opinion aujourd'hui unanimement admise est que cette énumération est limitative[1] et cette opinion trouve le fondement le plus solide :

1° Dans l'art. 1328 qui a tous les caractères d'un texte restrictif. « Les actes sous seing privé n'ont de date contre les tiers que du jour où ils ont été enregistrés etc. » C'est indiquer clairement qu'il n'existe pas d'autres moyens que ceux de l'art. 1328 pour leur donner date certaine.

2° Dans les travaux préparatoires. Le projet ne mentionnait que la mort de l'un des souscripteurs et l'enregistrement ; ce ne fut que plus tard et après discussion qu'on ajouta le troisième cas ; « addition qui n'aurait pas eu de sens, si l'article n'avait été qu'énonciatif, » dit très-justement M. Bonnier.

L'ancien droit suivait une règle différente. La date

[1] Demol. t. XXIV, n° 565. — Aubry et Rau, t. VIII, §. 750, p. 260. — Rouen, 22 juin 1872, S. 73.2.209. — Contrà, Braas, op. cit. p. 150.

de l'acte sous seing privé pouvait être établie par des moyens quelconques de preuve. Cela s'expliquait aisément ; dans le silence de la loi, les jurisconsultes ne pouvaient pas établir de leur propre autorité une limite aux moyens de preuve, ils ne pouvaient que se référer au droit commun. Le législateur lui pouvait poser une règle limitative, c'est ce qu'il a fait dans l'art. 1328.

Remarquons enfin que si l'interprétation de la loi telle que nous la comprenons peut paraître rigoureuse, elle n'est pas contraire à l'équité. Les parties, en effet, qui ont souscrit l'acte sous seing privé, leurs héritiers ou ayants cause, pouvaient au moyen de l'enregistrement, lui donner date certaine contre les tiers. Si elles n'ont pas eu recours à ce moyen régulier, c'est à elles de subir les conséquences de leur négligence, et il serait illogique de faire retomber ces conséquences sur les tiers exempts de toute faute, en les privant de la garantie que le législateur a voulu leur assurer.

Du principe que nous avons posé que la règle de l'art. 1328 est absolue et n'admet pas d'exception, nous déduirons :

1° Que la preuve de la date par témoins ou simples présomptions ne serait pas recevable.

2° Que celui qui invoque l'acte sous seing privé contre un tiers ne peut être admis à prouver que son adversaire en avait connaissance. Nous ferions cependant exception à cette règle, si, à la connaissance de l'acte venaient se joindre des faits constituant une fraude de la part de celui auquel on l'oppose. La preuve de cette fraude pourrait être faite par tous les moyens possibles, même par témoins et par présomptions. Il n'y a pas là un échec apporté à l'art. 1328. La preuve offerte ne porte ni sur l'antériorité d'un titre, ni sur la simple connaissance du tiers, mais bien sur un fait frauduleux et, c'est ce qui rend la preuve testimoniale admissible, et d'autant plus sûrement, que l'art. 1328 a pour but de protéger ces tiers contre le danger des antidates dans les actes sous seing privé, et qu'il doit servir à réprimer et non à couvrir les fraudes[1].

La règle de l'art. 1328 est-elle d'ordre public ou d'ordre privé? D'ordre privé assurément. Il en résulte que les tiers dans l'intérêt desquels elle est édictée peuvent renoncer à son bénéfice, et reconnaître comme exacte la date de l'acte qui leur est opposé. Cette reconnaissance peut être expresse ou tacite.

Une difficulté très-sérieuse se présente au cas où deux actes dont les dispositions sont plus ou moins incompatibles ont acquis une date certaine le même jour, soit par l'enregistrement, soit par la mort d'un souscripteur commun.

[1] Demolombe, t. XXIX, n° 530.

Si nous supposons deux actes semblables, deux ventes ayant acquis le même jour date certaine par la mort du propriétaire, lequel des deux acheteurs devra être préféré à l'autre. Celui qui le premier aura été mis en possession réelle. Mais si aucun d'eux n'a été mis en possession, le problème, à notre avis, devient insoluble[1].

On ne peut recourir qu'à des expédients. La préférence pourra être accordée à celui des deux acheteurs qui le premier aura formé une demande en délivrance en vertu des principes. « *Prior tempore, potior jure: et jura vigilantibus subveniunt.* » L'acheteur évincé conservera son droit de créance contre le vendeur, et vu l'impossibilité où celui-ci se trouvera d'exécuter son engagement, obtiendra de lui des dommages et intérêts[2].

Si au lieu de deux acheteurs en présence et en conflit nous supposons un acheteur et un preneur, en un mot si au lieu de deux actes, générateurs de droits identiques, nous supposons deux actes destinés à conférer des droits de nature différente, la solution est beaucoup plus facile, et nous déciderons avec la Cour de Cassation[3], que l'art. 1743 exigeant que le bail pour

[1] Marinier, ch. 1, n° 60.
[2] Demolombe, t. XXIV, n° 583.
[3] Cass. 11 janvier 1847, 1847.1.349.

être opposable à l'acheteur ait date certaine antérieure à la vente, c'est au preneur à faire la preuve de cette date certaine antérieure à la vente. S'il ne la fait pas, l'acheteur pourra expulser le locataire. Sans doute les deux actes ont la même date, mais cela ne suffit pas, puisque la preuve que vous avez à faire, c'est que votre acte a une date antérieure. Aussi le locataire qui est demandeur à fin d'exécution de bail contre l'acquéreur devra fournir la preuve qui est à sa charge, la preuve de la priorité de son titre.

CHAPITRE V

ACTES AUXQUELS NE S'APPLIQUE PAS L'ART. 1328.

Il y a trois catégories d'écritures privées auxquelles on s'accorde généralement à reconnaître que l'art. 1328 n'est pas applicable, et qui sont regardées comme faisant par elles-mêmes foi de leur date, même contre les tiers. Ce sont les quittances, les écritures commerciales, le testament olographe.

§ I. — *Des quittances.*

La doctrine et la jurisprudence sont d'accord pour

décider que les quittances non enregistrées font foi de leur date vis-à-vis d'un cessionnaire, d'un créancier saisissant, d'un tiers quelconque.

Quel est le motif de cette dérogation apportée à l'art. 1328. C'est ici que de sérieuses divergences apparaissent.

Pendant longtemps la jurisprudence a cherché à concilier cette exception avec la rigueur des principes en considérant le cessionnaire et le créancier saisissant comme des ayants cause. Ce sont des ayants cause oui, mais des ayants cause à titre particulier, et on sait que ces ayants cause sont des tiers au sens de l'art. 1328, pour les actes qui pourraient amoindrir leur droit, tel qu'il existait, au moment où ils l'ont acquis.

M. Larombière [1] donne un autre motif. Il s'appuie sur la disposition de l'art. 1248 aux termes duquel « le paiement fait de bonne foi à celui qui est en possession de la créance est valable » à plus forte raison, dit-il, le payement est-il valable et libératoire pour le débiteur lorsqu'il est fait au véritable créancier, que la quittance ait ou non date certaine. » L'art. 1240 n'exige pas, en effet, que la quittance soit constatée par un acte ayant date certaine, il ne met à la libération du débiteur qu'une seule condition, à savoir que le paye-

[1] T. IV, art. 1328, nos 6023 à 26.

ment ait été fait de bonne foi. Mais on a répondu avec raison qu'il y avait la confusion entre deux idées parfaitement distinctes, qu'il ne s'agissait pas de la validité du paiement, mais uniquement de savoir si l'acte qui le constate fait foi de sa date contre les tiers.

M. Rodière propose une autre explication[1] : « La créance, dit-il, a été éteinte par le paiement, et le débiteur aurait droit de répondre au nouveau titulaire de la créance déjà payée qui l'actionnerait en paiement : « la cession est nulle, car elle n'a pas d'objet, la créance ayant été éteinte par le paiement. » Mais le cessionnaire va faire aussitôt cette réponse que prévoit lui-même M. Rodière. « La question est précisément de savoir si la créance est éteinte ou non ; or, je prétends qu'elle ne l'est pas, parce que je suis tiers, et que l'art. 1328 milite pour moi. » M. Rodière réplique alors que le cessionnaire n'est pas un tiers. Mais nous avons démontré plus haut qu'il était impossible de lui refuser cette qualité[2].

Nous estimons qu'il vaut mieux appuyer la solution que nous avons donnée sur les nécessités pratiques, la nature des quittances et l'ancienne jurisprudence.

Ce serait une gêne intolérable apportée dans les transactions, que l'obligation imposée aux parties de

[1] Note sur l'arrêt de Lyon, du 3 juillet 1873. S. 74.2.227.
[2] Sirey, 74.2.227.

porter leurs quittances à l'enregistrement. « Force « était au législateur, dit très-bien M. Marinier[1] ou de « tenir compte des besoins de la société civile en décla- « rant que les quittances feront par elles-mêmes preuve « vis-à-vis des tiers, ou de jeter le trouble dans les re- « lations sociales en restant inflexible sur la rigueur des « principes. » Le législateur pouvait d'autant mieux obéir à ces considérations d'utilité pratique que c'était une tradition constante, dans notre ancien droit, que les quittances sous seing privé faisaient foi de leur date contre les tiers, et indépendamment de toute condition extrinsèque. Il n'y a aucune raison de croire qu'il ait voulu abandonner la doctrine ancienne pour en consacrer une nouvelle qui joindrait à beaucoup de rigueur une injustice évidente, car le débiteur qui a payé sa dette, se sachant régulièrement libéré, n'a pas dû prévoir qu'il aurait un jour à opposer sa quittance à des tiers ; et il serait bien rigoureux de lui faire porter la peine de sa légitime confiance[2].

On a fait valoir également[3] à l'appui de la jurisprudence, une considération qui ne nous paraît pas fondée. On a dit que la cession postérieure de la créance éteinte par le paiement est un acte frauduleux que le

[1] Page 179.
[2] Marinier, page 180.
[3] Marinier.

débiteur n'a pas dû prévoir et contre lequel il est excusable de n'avoir pas pris de précaution ; d'autant plus excusable que celui qui paie sa dette est en droit de supposer que cet acte ne le mettra jamais en relation avec les tiers. On a combattu avec raison cette dernière considération [1], en faisant observer que l'acte d'acquisition sous seing privé ne fait pas foi de sa date à l'égard d'un acquéreur postérieur ; et cependant la vente successive du même objet à deux acheteurs est un fait frauduleux improbable. Enfin, les quittances peuvent être opposées aussi bien à des créanciers saisissants qu'à des cessionnaires, et dans ce cas, « on ne peut pas présenter les droits des tiers comme résultant d'un acte frauduleux que le débiteur libéré par le paiement n'avait pas pu prévoir. »

Ainsi les quittances ne tombent pas sous le coup de l'art. 1328. Mais l'exception que nous avons indiquée doit être enfermée dans ses justes limites. On ne peut pas l'étendre à un acte constatant soit une remise de la dette, soit une novation, ou produisant compensation [2]. Elle n'existait d'ailleurs dans l'ancien droit que pour les quittances et avec raison, car les considérations d'utilité pratique que l'on fait valoir en faveur des quittances, et que nous avons exposées ne peuvent

[1] M. Demante et Colmet de Santerre, t. V, p. 547, n° 291 bis.

[2] Voir Infra, page 184.

être invoquées quand il s'agit d'une remise de dette, d'une novation ou d'une compensation, en un mot, des modes d'extinction d'obligations autres que le paiement, et qui sont d'une application moins journalière que ce dernier.

Nous n'appliquerons pas également l'exception que nous avons signalée à toutes les quittances indistinctement; nous ne l'appliquerons qu'aux quittances qui constatent la libération du débiteur; et nous ferons une réserve pour la créance subrogatoire de l'art. 1250, en décidant qu'elle doit avoir une date certaine pour être opposable soit à un créancier saisissant du subrogeant, soit à un autre subrogé dont le titre aurait une date certaine[1].

Mais dans les limites où elle est enfermée, nous croyons que l'exception doit être prise dans le sens le plus absolu. C'est ainsi que nous repoussons toute distinction entre le cas où la quittance est produite aussitôt après la signification de la cession ou de la saisie, et le cas où elle n'est invoquée que plus tard. Nous admettrons seulement le juge à tenir compte des circonstances de la cause et les témoins à prouver la fausseté de la date, et cela par tous les moyens, car les tiers ont été dans l'impossibilité de se procurer une preuve écrite de cette fausseté.

[1] Aubry et Rau, t. IV, § 325, n° 8.

§ II. — *Contrats commerciaux.*

Le principe en matière commerciale est que le juge peut admettre tous les moyens de preuve, et spécialement la preuve par témoins et les présomptions de l'homme. Mais ce principe n'est pas absolu et il souffre de nombreuses exceptions. Il y a en effet des contrats commerciaux pour lesquels le Code de Commerce exige une constatation par écrit, et en ce qui les concerne, il est même d'une rigueur plus grande que le Code Civil pour les autres contrats, car il exclut la preuve par témoins et par présomptions de l'homme, même quant il s'agit d'une somme ou d'une valeur n'excédant pas 150 francs[1]. En indiquant la liste de ces contrats, nous allons voir la raison de la dérogation se dégager d'elle-même. Si en effet la loi exige la rédaction d'un écrit pour les sociétés, autres que les participations, pour la vente des navires, l'affrètement, le prêt à la grosse, l'assurance maritime, cela tient à ce que la moins grande fréquence de ces contrats, conclus ordinairement après de mûres réflexions, la complexité de leurs clauses, qui pourrait entraîner d'inextricables difficultés si un écrit n'avait précisé à l'origine l'exacte volonté des parties, rendent possibles

[1] Cette règle est certaine, mais elle est d'une application très-rare, car tous les contrats, constatés par écrit, portent sur des valeurs supérieures à 150 francs.

et nécessaires à la fois des mesures spéciales qui assurent, sans trop le gêner, le libre jeu des opérations commerciales.

Lorsque les contrats sont constatés par écrit, c'est d'ordinaire sous la forme d'actes sous seing privé ; il convient dès lors d'examiner si, lorsqu'il s'agit de contrats qui ne doivent pas être constatés par écrit, les actes sous seing privé font preuve de leur date par eux-mêmes à l'égard des tiers, ou s'ils n'en font foi que du jour où s'est accompli l'un des faits prévus par l'art. 1328 du Code Civil.

Nous pensons que l'art. 1328 n'est pas applicable, car les usages du commerce nous semblent inconciliables avec son application qui apporterait à la célébrité des opérations d'intolérables entraves ; et cette solution peut être donnée sans courir le risque de compromettre les intérêts des tiers. Si en effet, ceux-ci contestent la date, les juges auront toujours le pouvoir de le vérifier, et de la constater d'après les règles et dans les formes propres aux matières commerciales ; et la tenue régulière des livres et des correspondances permettent d'atteindre, par une autre voie, mais aussi sûrement, le but que le législateur s'est proposé pour les actes de droit commun, dans l'art. 1328, du C. C.[1].

[1] Lyon Caen et Renault, Dr. commercial, n° 607. — Boistel, Dr. commercial, n° 440. — Aubry et Rau, t. VI, p. 408.

C'est par application de ces principes, que la Jurisprudence a décidé que les dettes commerciales antérieures au mariage de la femme commune en biens, tombent dans la communauté, encore que l'acte qui les constate n'ait pas été enregistré avant le mariage[1]. C'est ainsi qu'il a été jugé également que la date d'un aval, en admettant que l'aval non daté ne doive pas être réputé avoir été souscrit en même temps que l'effet, peut être établie à l'égard des tiers, par tous les moyens de preuve admissibles pour constater les conventions commerciales.

Mais que décider, en ce qui concerne les contrats pour lesquels un écrit est exigé? Doit-on maintenir ou écarter l'application de l'art. 1838 ? A notre avis il faut la maintenir. Ceux qui pensent qu'il faut l'écarter font le raisonnement suivant[2]. En matière commerciale, les actes sous seing privé font toujours foi de leur date, sauf la preuve contraire qui peut être appréciée par le juge. Voilà la règle générale. Si pour la preuve de certains contrats, il s'est montré moins facile, s'il a exigé qu'ils fussent constatés par écrit, il faut limiter sa dérogation à la preuve même du contrat, et ne pas l'étendre au-delà de ces limites, car on peut porter à

[1] Rennes, 28 mars 1867. 1868, II, 224. — Cass. 2 août 1869, D. 69. 1. 407, et Grenoble, 1870, 42. 173.

[2] Pardessus, t. III, n° 307.

un principe général des restrictions sur un point sans les faire nécessairement porter sur tous. Nous ne croyons pas ce raisonnement exact. Il nous semble plus sûr d'admettre que si la loi, quant au principe même, s'est écartée de l'art. 109, il est certain qu'elle a dû s'en écarter, quant aux conséquences. En exigeant un moyen de preuve particulier, elle n'a pas indiqué que l'on pourrait déroger aux règles du droit civil, en ce qui le concerne, ni qu'il dût être affranchi de l'exécution des conditions auxquelles elle a subordonné l'efficacité des actes qui peuvent être opposés aux tiers. Or, la première condition, pour qu'un acte puisse être opposé aux tiers, c'est qu'il ait une date certaine (art. 1328). A notre avis, il y a dans la disposition même de la loi commerciale, un renvoi implicite à l'art. 1328[1].

§ III. — *Testament olographe.*

Le testament olographe, acte sous seing privé, ne fait-il foi de sa date contre les tiers, que moyennant l'accomplissement d'une des conditions prescrites par l'art. 1328. La négative est évidente. Elle ressort des termes mêmes de l'art. 970, qui déclare que le testament

[1] Lyon Caen et Renault, op. cit. n° 608. — Dufour, Dr. maritime, t. II, nos 480 et 507.

15

est valable, à la condition d'être écrit en entier, daté et signé de la main du testateur, et ajoute qu'il n'est assujetti à aucune autre forme. Or, ces dernières expressions prouvent qu'il n'est pas nécessaire que le testament ait acquis date certaine par la formalité de l'enregistrement. Cette nécessité de l'enregistrement serait d'ailleurs tout-à-fait contraire au but de la loi, qui a voulu donner aux citoyens, dans le testament olographe, le moyen de tester secrètement. Déjà, dans l'ancien droit, on admettait généralement que le testament faisait foi de sa date[1]. En Normandie même, Basnage allait jusqu'à défendre à l'héritier la preuve de l'antidate. Lebrun seul enseignait que le changement dans la capacité de l'auteur de l'acte rendait nul à son égard, l'acte dont la date n'était pas certaine avant l'incapacité. Mais cette opinion n'avait pas triomphé dans la jurisprudence, et l'art. 20 de l'ordonnance de 1735 sur les testaments, en imposant aux personnes qui entraient en religion, « l'obligation « de reconnaître leurs testaments, par devant notaire, « sous peine de nullité, avant la prononciation de leurs « vœux, » laissait entendre, qu'en dehors de ces cas exceptionnels, le testament faisait par lui-même pleine foi de sa date. « *Exceptio firmat regulam in casibus non exceptis.* »

[1] Ricard, Traité des donations, 1re partie, n° 1500.

Le premier point admis, demandons-nous maintenant, si le testament olographe fait foi de sa date jusqu'à inscription de faux ou seulement jusqu'à preuve contraire ? Au premier abord, l'hésitation ne semble pas permise. Le testament olographe étant un acte sous seing privé reconnu comme tel par les articles 970 et 999, ne peut faire foi de sa date que dans les mêmes conditions que l'acte sous seing privé ordinaire, c'est-à-dire jusqu'à preuve contraire seulement. La jurisprudence cependant a, dans plusieurs arrêts[1], décidé que le testament olographe faisait foi de sa date, comme l'acte authentique, jusqu'à inscription de faux. Elle a fondé son opinion sur deux motifs principaux.

Le premier est que l'acte sous seing privé reconnu ou légalement tenu pour reconnu a la même foi que l'acte authentique : or la foi due à l'acte authentique ne peut être attaquée que par le moyen de l'inscription de faux, donc il doit en être également de l'acte sous seing privé reconnu ou légalement tenu pour reconnu.

Le second inspiré par l'ancien droit est que l'homme qui, dans un acte en forme dispose pour le temps où il ne sera plus, exerce en quelque sorte une puissance législative « *Dicat testator et erit lex* ». Il est, en conséquence, placé momentanément par la loi dans la

[1] Cass. 29 avril 1824, S. 24. 1. 276.

classe des fonctionnaires publics, d'où il résulte qu'il imprime l'authenticité à la date de son testament. Cass. 22 avril 1824.

Nous avons indiqué le système de la jurisprudence, et les raisons données à l'appui : complétons notre exposé en indiquant certaines hypothèses où elle admet que l'inscription de faux n'est pas nécessaire. Ces hypothèses sont au nombre de trois.

1° Lorsque le testament renferme des indices de nature à faire présumer l'inexactitude de la date [1].

2° Lorsqu'il est attaqué pour suggestion ou pour captation.

3° Lorsqu'on prétend que le testateur l'a antidaté pour éluder une capacité qui le frappait au moment où il l'a écrit.

Nous admettons toutes les décisions de la jurisprudence dans les hypothèses que nous avons citées ; mais si nous avons tenu, avant de discuter le principe de la jurisprudence, à indiquer les exceptions qu'elle y a elle-même apportées, c'est que ces exceptions nous paraissent peu conciliables avec le principe, et qu'il y a dans l'incompatibilité que nous signalons un assez puissant argument contre la doctrine développée plus haut.

[1] Cass. 8 janvier 1879, 79. S. 1. 165. — Cass. 21 août 1876, 77. 1. 157. — Cass. 19 déc. 1829, 30. 1. 25.

Si, en effet, le testament fait foi de sa date comme un acte authentique, il faut décider que dans tous les cas la date ne peut être attaquée que par l'inscription de faux. Il est impossible, en effet, de prouver sans s'inscrire en faux, la fausseté de la date mise par l'officier public à un acte authentique par cela seul que cet acte fournit des indices en sens contraire ; également impossible d'attaquer autrement que par l'inscription de faux les mentions fausses d'un acte notarié ; toutes les affirmations de la jurisprudence ne peuvent prévaloir contre l'évidence et la certitude des principes.

Notre opinion est que le testament par acte sous seing privé ne fait foi de sa date que jusqu'à preuve contraire. Assimiler, même d'une façon lointaine, l'homme qui rédige un testament olographe à un fonctionnaire public, c'est sortir de la vérité, c'est vouloir par un retour à l'ancien droit, ressusciter l'art. 289 de la coutume de Paris qui voyait dans le testament olographe, un acte solennel ; et nous avons la preuve certaine dans l'art. 999 du Code Civil que le législateur a considéré le testament olographe comme un acte sous seing privé.

Un assez grand nombre d'auteurs et la jurisprudence, prétendent que l'inscription de faux pour impugner la date d'un pareil testament n'est pas nécessaire, car le testateur ne commet pas un faux indiquant une fausse date dans son testament olographe. « L'inscription de faux, dit M. Troplong n'est pas né- « cessaire, pour prouver une erreur ou une fausse date. « Il n'y a pas faux, dès l'instant qu'il est établi ou non « contesté que le testament a été écrit en entier, daté « et signé par le testateur » et M. Demolombe fait observer que dans le cas même où la loi considère comme un faux, l'énonciation d'une date inscrite dans un acte sous seing privé [1] ; on a pas besoin de recourir à l'inscription de faux pour en établir la preuve ; c'est ainsi qu'on décide que l'antidate dans une lettre de change peut être démontrée par tous les genres de preuve, quoique l'art. 139 du Code de commerce dispose qu'il est défendu d'antidater les ordres, à peine de faux [2]. Le bon sens résiste à ce que l'on considère comme faussaire aux termes de l'art. 146 du Code pénal, le testateur qui appose sur son testament une date fausse.

Nous dirons donc que la fausseté de la date du testament olographe pourra être prouvée dans tous les cas, et indépendamment de toute inscription de faux ; mais nous ne pensons pas que l'héritier puisse prendre ses moyens de preuve, où bon lui semble [3], en de-

[1] Demante, t. IV, n° 115 bis, IX, Valette.

[2] Demol. XXI, n° 155.

[3] Sic Lespinasse. Revue critique, 1881. page 221.

hors du testament, à moins qu'il n'allègue la captation de la fraude à une incapacité. Et, en effet, ces hypothèses mises à part, il ne reste plus qu'une simple question de forme, il ne s'agit plus que de la date considérée comme une formalité instrumentaire du testament, or dans les actes où la forme est constitutive de l'acte, c'est en eux-mêmes qu'il faut rechercher la preuve de l'inacomplissement ou de l'accomplissement des formalités auxquelles ils sont soumis « *ex ipsomet testamento, non aliunde, sed extrinsecus.* » Cette solution est des plus conformes aux principes généraux du droit. Aucune preuve, en effet, n'est admissible contre la date d'un acte sous seing privé reconnu par celui auquel on l'oppose, lorsqu'il n'allègue aucune fraude. Nous ne faisons qu'appliquer ce principe de droit commun au testament olographe, dès que l'écriture ou la signature en sont reconnues ou tenues pour reconnues.

La Cour de Cassation[1] admet cette doctrine, lorsque la date du testament n'est attaquée que pour cause d'inexactitude ou d'erreur, elle déclare au contraire admissible la preuve à l'aide d'éléments puisés en dehors du testament lorsque la date est fausse. Nous n'admettons pas cette distinction. Il existe certainement une différence quant aux conséquences de

[1] 3 mars 1859, 1, 369.

la preuve, entre la date erronée et la date fausse. L'erreur de la date n'entraîne pas la nullité du testament, si elle peut être corrigée à l'aide d'éléments puisés dans le testament lui-même ; la fausseté de la date en entraîne au contraire la nullité irréparable. Mais cette différence n'existe qu'une fois la preuve faite ; lorsqu'elle est au contraire à faire et que le testament n'est sous aucun rapport attaqué pour cause de fraude, l'attaque dirigée contre la date ne se réduit qu'à une simple question de forme et de solennité ; et il n'y a nulle raison de distinguer l'erreur de la fausseté de la date.

Notre conclusion est donc que dans l'un et l'autre cas, la preuve de l'inexactitude de la date ne peut être tirée que du testament lui-même.

POSITIONS PRISES DANS LA THÈSE

Droit romain.

I. — Il faut distinguer trois sortes d'écrits « *scripturæ privatæ, instrumenta forensia* et *acta publica.* »

II. — Les *syngraphæ* et les *chirographa* n'étaient que des simples moyens de preuves.

III. — Il n'était pas nécessaire que les *acta forensia* fussent rédigés de la main même des tabellions.

IV. — Dans le dernier état du droit romain, la preuve littérale a une autorité plus grande que la preuve testimoniale.

Droit civil.

I. — Le créancier qui pratique une saisie-arrêt est un tiers au sens de l'art. 1328, et peut opposer le défaut de date certaine des actes sous seing privé, autres que les quittances, souscrits par le débiteur saisi.

II. — L'immeuble dotal ne peut être aliéné conformément à l'art. 1558, 3e alinéa, pour le paiement des dettes qui n'ont pas acquis une date certaine antérieure au contrat de mariage, eussent-elles une date certaine antérieure au mariage.

III. — L'énumération de l'art. 1328 est limitative.

IV. — Le testament olographe fait par lui-même foi de sa date.

POSITIONS POSÉES EN DEHORS DE LA THÈSE

Droit romain.

I. — L'action *exercitoria* est la première en date des actions *adjectitiæ qualitatis*.

II. — Le *Nuntius* ne fut jamais un représentant.

III. — Les délits du préposé obligeaient le préposant.

IV. — La règle « *Dies interpellat pro homine* » n'a jamais été admise en droit romain.

Droit civil.

I. — Pour aliéner un titre de rente sur l'Etat, d'une valeur inférieure à 50 francs, l'héritier bénéficiaire majeur, depuis la loi du 27 juillet 1880, n'a pas besoin de l'autorisation du tribunal.

II. — Le mineur émancipé par le mariage qui, en vertu du principe posé par l'art. 4 de la loi du 27 février 1880, peut aliéner des inscriptions de rente sur l'État, sans autorisation du conseil de famille ou de justice, est tenu de demander, pour les aliéner, l'autorisation de justice, lorsque ces rentes dépendent d'une succession bénéficiaire qu'il a recueillie.

III. — L'opposition n'est pas recevable contre les jugements par défaut en matière de divorce.

IV. — L'ascendant étranger peut être tuteur de ses descendants français.

DROIT INDUSTRIEL

I. — L'introduction en transit d'objets fabriqués en pays étrangers constitue un fait assimilé à la contrefaçon en vertu de l'art. 41 de la loi du 5 juillet 1844.

II. — Le fabricant qui inscrit le nom d'un artiste sur des objets d'arts qui ne sont pas l'œuvre de ce dernier, ne commet pas le délit d'usurpation de nom puni par la loi du 28 juillet 1824.

III. — Les lois postérieures du décret du 1er Germinal an XIII, qui ont successivement étendu la durée du droit des auteurs ne profitent pas au publicateur d'œuvres posthumes.

DROIT INTERNATIONAL

L'auteur étranger, dont les œuvres ont été représentées en

pays étranger, n'est pas fondé à invoquer la protection du décret du 28 mars 1852, pour s'opposer à la représentation de ses œuvres en France.

Vu par le doyen de la Faculté :

CH. BEUDANT.

Vu par le président de la Thèse :

CH. LYON CAEN.

Vu et permis d'imprimer :

Le vice-recteur de l'Académie de Paris :

GRÉARD.

TABLE DES MATIÈRES

DROIT ROMAIN

De la preuve littérale.

DROIT FRANÇAIS

De la date certaine dans les actes sous seing privé.

FIN DE LA TABLE

Imprimerie de DESTENAY à Saint-Amand (Cher).

www.ingramcontent.com/pod-product-compliance
Ingram Content Group UK Ltd.
Pitfield, Milton Keynes, MK11 3LW, UK
UKHW020135220726
13923UKWH00001B/167

9 782019 256739